갤러리/다시 동인 공저 시집

다시 숲으로 가요

발간사

어제는 시간당 50mm의 비가 왔다 빗방울이 앞이 보이지 않을 정도로 무섭게 내렸다 산사태로 200여 명의 사상자가 난 에티오피아 난민들의 절규하는 눈물을 보았다 해마다 장마의 위력을 보며 눈물 또한 한 방울의 물이지만 영향력은 지대하다고 생각했다

한 달에 한 번씩 만나는 모임의 수數가 2년이 지나갔다 2년만큼 늙었겠지를 인연因緣만큼 늙었다고 말하고 싶다

사실 시詩를 쓴다는 것은 얼마만큼의 고역일 수도 있다 그런 중에도 만나서 반갑고 공부도 열심히 하여 각자 십여 편의 글을 내어 동인지를 만드니 얼마나 기쁜 일인가.

다시 모여도 모두 반가운 다시 친구들이 건강과 행복을 기원祈願한다.

이천 이십 사년 칠월
조온현 글

차례

박선미

복제 018
가을 터미널 019
쓸쓸함에 대하여 020
달팽이 022
충동은 선착순이 아니잖아요 024
압축 026
이젠 괜찮아 028
시래기 029
늙는다는 것 030
한계령 연가 032

김진식

산소 앞에서 036
이별 037
씽씽카 038
경비실 김씨 040
데자뷰 041
경계를 넘어서 042
가자지구 044
전화가 왔다 046
먼지 047
장마 048

이안

터미널 050
꽃등심 052
편지의 진화 053
샌드위치 054
저수지 056
모과 058
거품 060
후라이드 치킨 062
충치 064
핏줄 065

이수진

청빛 보살	068
말(言)이라는 반려	070
그 사람	073
부지깽이의 외출	074
장마詩	076
섶다리	078
억새	080
한옥	082
고무신	084
묵언	086

한향흠

카멜레온 090
말늘의 침식 092
먼지의 안부 095
이중성 098
김치 맛이 첫눈처럼 100
눈빛을 입어보는 마네킹 102
노노스 족 104
온양에 모천이 있다 106
파꽃 108
틈의 사회학 110

이문자

레밍효과 114
운드힐링 115
반올림 116
매시업 118
깨진 유리창 이론 119
도박사의 오류 120
애쉬 법칙 121
디드로 효과 122
엉덩방아 효과 123
링 사이어티 124

허윤설

사랑, 니 126
도화주桃花酒 127
꼽주다 128
시詩맛 129
주름 사이 그녀가 있다 130
하얀 구석 131
여름은 배롱나무에서 시작된다 132
도강盜講 133
마음으로 가는 기차 134
바닥 135

조온현

해당화　138
섬이란 것　139
출산　140
달력　141
조등弔燈　142
서민庶民아파트　144
환승역에서　145
바라나시고트　146
사랑은 늘 어둠에 뿌리를 내리고　148
사막에서　150

이태학

거미의 사회학 154
골목길 풍경 156
연식 지난 세탁기 158
멸치의 사유 160
마디 162
오래된 노래 164
녹차 166
노모포비아(nomophobia)* 168
자갈의 감정 170
격렬비열도 172

임권

장마 176
간장독 177
서리태 178
고목 180
도라지꽃 182
진눈깨비 183
동백꽃 184
겨울인 줄만 알았지 186
위로 187
야생마 188

차리라

오이도에서　190
폭우　191
가파르게 내려올 때가 있다　192
여름　193
소주 한 잔　194
다시　195
납작보리 밥　196
사슴　198
처음부터 쓰지 말아야 했다　199
물수제비　200

양수현

별똥별 202
거미 203
뙤약볕 아래 204
1월 205
스승의 은혜 206
낙화 208
벚꽃나무 아래에서 209
등나무 아래에서 210
미토콘드리아는 머리맡에 211
그날의 두문동* 212

박선미

박선미 시인은 충북 보은 출신으로 부천대학 시 창작 과정과 경희대 시낭송 테라피 과정을 수료하였으며 2022년 경북일보 문학대전 시부 문 입상 외 다수의 상을 수상하였다 현재 갤러리 다시/동인으로 활동 중이며 시집으로는 <잇단음표> <다닥다닥 쑥부쟁이>가 있다
E-mail gksmfthaekfl@naver.com

복제

글을 쓰다가 슬쩍 마당을 본다
작년의 모습을 베낀 꽃들이 즐비하다
이름은 같은데 모습은 제각각이다
쓰던 글을 본다
오므렸다 펴는 봉오리처럼
자음과 모음이 우후죽순 피어나고
물관이 가지에 물을 대듯 문장으로 이어진다

푸르게 자란 것 같았다
우아하게 피운 꽃이라 생각했다
글을 마무리하고 읽어본다
무늬는 화려한데 엉성하게 피운 탓에
색의 깊이를 갖지 못한 개량종 같다
이름이 같다고 모습이 같다고 똑같다고 하지 않듯
마침표로 찍었던 점 하나
겉으로만 돌던 이복형제 같다
글에 오롯이 담기지 못한 마음 같다

enter를 친다
복제된 꽃들이 향기 없이 출력된다.

가을 터미널

길을 잃고
고샅에 모여든 낙엽을 가을이 태우고 있다
앙다문 입술로 건드렁 대던 낙엽
헛헛한 가을이 한 편의 시를 만들어 어디론가
여행을 떠나려나 보다

낙엽 밟는 소리마저 끊긴 가을
잔잔함이 다듬고 넉넉함이 깎아
보석으로 만든 가을
고요가 내려 더 가을스럽다

훌쩍 떠나고픈 푸릇한 용기는 없지만
낙엽을 싣고 떠나는 가을도
돌아오는 계절도 다시, 사랑하고 싶다

길 떠나는 가을을 본다
한 계절이 손짓을 하고
나뭇가지에 감긴 햇살이 두리번두리번
안부를 챙긴다

쓸쓸함에 대하여

철새 떠난 물가를 보면 눈물이 난다
떠난 자리가 얼마나 쓸쓸한지

마디가 드러난 나무를 보면 눈물이 난다
자식 먹이느라 앙상한 삭정의 아버지 같아서

물을 품은 강을 보면 눈물이 난다
가족들 품느라 흘린 아버지 설움 같아서

입을 닫은 강을 보면 눈물이 난다
자식들 보내고 끼니를 잇지 못하는 마음 같아서

소란했던 집이 비었을 때
헛헛함으로 강도 바닥을 드러내는 걸까

일렁이는 마음 감추고 흐르는 강처럼
꼿꼿한 시간은 얼마면 더 쓸쓸해질까

강은 흐르다 길이 없으면

흐름을 바꿔 길을 만든다지만
외로움 혹은 그리움은
얼마나 깊어져야 물길을 낼까

물살이
바다에 이르기 전 새 길로 흐르고 싶다
젖었던 지난날의 길을 지우고
처음 샘을 나섰던 심정으로 흐르고 싶다

다시 돌아올 철새를 떠올리며
다시 품을 준비를 마친 것처럼

달팽이

느릿느릿 숲을
기억으로 밀고 가요

길은 그대로인데
그녀 떠난 축축한 길은 없어요
그늘이 흔들려요

길은 푸르고
풍경들이 느릿느릿 지나쳐요

저 숲처럼
그때로 돌아갈 수 있을까요
잎사귀들 사이
눈물을 먹어요

다시 숲으로 가요
나무의 그늘은 변함없고
길은 멀지만
더 느리게 길을 가요

서둘러 간다고
쉽게 잊히는 건 아니라며
살갗이 쓰리도록 느릿느릿 걸어요

충동은 선착순이 아니잖아요

보이는 것은 다 이뻐요
라벨이 없는 것은 짝퉁이래요

나는 꿀꿀할 때 단골집으로 가요
꽃 가게 사장이 부케를 만드는데
색들이 선명해서 조화인 줄 알았어요

꽃이라고 다 쓸모만 있을까요
동네 입구에서 오래 꽃을 팔아온 그녀
손가락이 옹이처럼 굳은살이 맺혀있어요

외상은 늘 어색해요
서로 자신의 사정만 말하며 눈길을 피해요
싸구려 나이롱처럼 자칫하면 미어지고 말아요

하루하루 되살아나는 충동은
명품을 입히면 한동안 할부로 잠잠해질까요

수없이 무르러 오는 진상 손님에 부딪쳐도

제 수입은 챙기는 그녀
가게 접을 생각을 한 번도 한 적 없다네요

단골집을 다니다 보면
금세 펴지는 가게 사장들 얼굴

잊었던 쏨쏨이를 되찾을 수 있을 것 같아요

압축

그녀가 말이 없어졌다

그녀가 말을 잃은 건 엄마를 잃고 서다
횡단보도를 지나는데
제어 못한 부풀어진 속도가
엄마와 그녀를 덮쳤다
말은 안 하는 게 좋고 줄이는 게 좋다던
엄마는 결국 말문을 닫았다

엄마의 유품에서
눈물과 집안일로 때가 덕지덕지 묻은 수첩
침 묻혀 삐뚤삐뚤 쓴 가족 이야기에
그녀는 울음만 겹겹으로 쌓였다

그녀의 말은 어디로 갔을까
말을 가르쳤던 말을 잃고
질풍노도 같았던 말은 노쇠한 말처럼
어느 구석에서

과거의 더 늙은 말을 그리워하고 있을까

홀로 우두커니
제 속의 말을 만지는 그녀
처음 자신을 어루만지던 따스한 말이
기억의 끄트머리에서 풀어질 때
누르고 눌러 어순을 잃고 퇴적된 자음 모음이
입술에서 부풀어 오른다

이젠 괜찮아

그녀가 나를 보고 있다
무언가 할 말이 있다는 듯
입을 오므렸다 폈다 반복한다

선뜻 입을 열지 못하는 그녀
무슨 말을 하고 싶은 것인지 알 것 같은 나
서로 바라만 본다

봄이 지나가듯
아픔도 지나간다고
서로 바라볼 수만 있어도 괜찮다고
바라볼 사람이 있다는 건 희망이라고
바라만 보다
흘러가도 행복할 것 같다고
잠시, 생각한다

마주 보고 있는 사이
입술에서 꽃향이 가득하다

시래기

한겨울
찬바람에 몸을 맡긴 채
얼었다 녹았다
반복하며 익어간다

푸른 잎은
어느새 갈색으로 물들어
눈비에 바스락거리는
마른 몸만 남았다

겨울을 이겨내고
봄을 닮은 시래기
화려하지 않지만 묵묵히
자연과 한 몸이 된다

시래기가 전하는
몸의 깨달음

늙는다는 것

기억을 만들고
기억을 지워가는 거라지요?
그래서 일까요 자꾸 깜빡깜빡합니다

아들이 매일 전화를 합니다
기억을 지워가는 내가 불안한가 봅니다

오늘 잊은 거 없어요?
약은 드셨어요 식사는 하셨어요

기뻤던 일이 늙어가니 슬픕니다
기뻤던 날은 누군가 슬픔인지 모릅니다

고샅에 모여 햇볕 쬐는 낙엽을 봅니다
왔던 길을 잃어 갈 곳 없는 노인들 같습니다

눈물이 납니다
눈시울 뜨거울 일은 느는데 눈물은 줄어듭니다

그래서 더 짠 걸까요
이별하는 법을 배워야겠습니다
서러움 삼키는 요령을 익혀야겠습니다
그러다 보면 잘 죽는 법도 알지 않을까요

우울한 날들
비애의 날들
절망의 날들
늙어가며 이해합니다 사랑하게 됩니다

한계령 연가

겨울,
설악에 가보셨나요
가슴 자르는 바람과 눈보라
그곳에서 한 그루 나무로 서고 싶습니다

그대 향한 사랑에
견디지 못할 시련이 없다는 걸
증명하는 나무로 살고 싶습니다

하지만,
그저 작은 여인에 불과합니다
당신의 따듯한 품에서
평생 같은 날처럼 행복한 여인

당신이 있기에
당신을 향한 사랑이 있기에

설악의 겨울은 춥습니다

그 추위에
당신과 함께 얼어붙는다면
붙어서 영원하다면
봄은 오지 않아도
혹한에 피는 복수초처럼
하나 된 사랑이길 바랍니다

김진식

문일고등학교 도서부
2018년 서정문학 신인상
차& 케이 댄스학원 운영 이사
시흥시 문협 이사

산소 앞에서

누구나 하나쯤 아픈 사연이야 없겠냐마는 아버지 어머니가 누워있는 산소 앞에서 술잔을 어머니 거 아버지 거 두 잔을 따르고 묻습니다 가실 때 형제들을 갈갈이 찢어놓고 가시니 좋냐고 어른이었으면 누나와 내가 나와 동생이 오해로 반목을 할 때 어른이니까 말리고 말리다가 안되면 어머니니까 꾸짖어서 바로 세웠어야 했어요 오히려 부추기고 싸우게 만들어서 산소에 누구 하나도 찾아오지 않고 잡풀만 무성하니 좋냐 누구나 돌아보면 회환이 하나쯤이야 없겠냐마는 상석에 올려진 술잔을 바닥에다 세 번으로 나눠 부으며 용서했어요 용서했어요 다 용서할 게요 나머지 한잔을 음복이라는 핑계로 가슴에다 털어 넣습니다 식도를 타고 내리는 알싸한 불호령이 무서워 이내 발길을 돌리다가 살면서 지내온 어제와 또 오늘에게 미안해서 산소를 다시 한 번 쳐다봅니다 흔들리며 놀던 바람풀들이 잘 가라며 조심해서 가라며 손짓하기에 비상등을 켜고 '다음에 또 올게요' 지키지도 못할 약속을 해버렸습니다 한번 갔다가 오면 속이 시원할 것 같더니 빗자루 질을 해서 모은 회한을 버리지도 못하고 쓰레기통 앞에서 멍하니 서 있습니다 내 맘에게다 묻습니다 그리하고 오니 좋냐고

이별

 술을 마시고 또 마셔 그래야 잊혀 질 것 같아서 꼭 잊어 줘야 할 당연한 이유를 찾지 못하겠지만, 너지만 왠지 잊어야 옳은 것 같아서 술을 마셔 술 속에서 너를 생각하다가 지우고 또 너를 마시고 그러다가 네가 나를 마셔 사방에서 네가 보여서 견딜 수가 없어 때론 울다가 웃고, 웃다가 화를 내고 네가 환영처럼 다가오면 허우적거리다가 또 술을 먹어 마시다가 토하고 토하다가 또 마시고 토하면 속이 비워질 것 같아서 이게 뭐야 넌 뭐야 토할수록 넌 내 머리에 가슴에 더 차올라 그래서 잊으려 또 술을 마셔 그러다 취해 취해도 여전히 너만 보이고 잊는 것이 두려워 또 술잔에 술을 부어 시간이 지날수록 알코올은 피마저도 취하게 만드는데 혼미한 기억 속에서 또렷하게 또 네 모습만 부여 미치도록 보고 싶어 어찌해야 해 견딜 수가 없어 전화를 하면 너와 나 영영 헤어지지 못하는 걸까

씽씽카

　우울한 기분은 뭐지 왜 오늘따라 기분이 가라앉는지 모르겠어 잔잔하게 부는 바람 탓일까 아님 혈당을 낮춘다며 마신 여주차 탓일까 웬 아이가 씽씽카를 타네 나도 씽씽카를 타면 기분이 좀 UP될 거야 씽씽카를 타기에는 나이가 너무 많지 않아 그래도 뭐 어때 어릴 때는 돈이 없어서 타보지 못했으니 오늘은 타보지 뭐 마구 달리다가 길에 서있는 차 유리창을 오토바이 폭주족처럼 망치로 꽝 깨트리면 더 신이 날 거야 욕을 하며 달려오는 차 앞에서 온갖 재주를 부리며 빠져 나가는 거지 경찰차가 서라며 삐뽀삐뽀 해도 달아나는 거야 그러면 어때 잡히더라도 어리다는 이유로 어찌하지 못할 테니까 난 나이가 너무 많이 들었어 나이가 드는 동안 내가 해보고 싶은 걸 진심으로 몇 가지나 해봤지 논두렁에 쌓아 놓은 볏가리가 있었어 불을 지르고 싶었는데 지르지 못했어 질렀으면 참 볼만했을 텐데 깡통만 돌리다가 처지지 말라며 전깃줄을 고여 놓은 기둥을 건드렸어 기둥 때문에 혹이 났어 그 혹 때문에 볏가리에 불을 지르지 못했어 오늘은 씽씽카를 탈거야 씽씽카를 타고 속도를 마구 내서 손바닥만 한 도시에 전혀 있어서는 안 되는 텃밭에 심어놓은 상추며 배추를 무자비하게 밟아버릴 거야 농사가 그렇게 좋으면 시골에 살지 뭐 한다고 도시에 살아 그러다 목총을 잘 다루지 못한다며 얼차려를 주고 마구 때리던 교련선생 주둥이 속으로 씽씽카를 확 쑤셔 넣고 내장을 타고 똥구멍까지 쑵 하고 나올 거야 피똥을 싸겠지 냄새는 좀 나겠지만 내 기분만 좋아지면 되지 그게 뭐 대수야 내게 말을 잘 들으라며 굴종을 강요했던 나쁜 악당들을 씽씽카로 모두 해치울 거야 또 씽씽카는 하늘을 날아갈 수 있어야 해 그래야 아주 높이 올라갔다가 내려오면서 씽씽카를 빼앗기고 울고 있는 아이한테 씽씽카를 돌려줄 수 있지 않겠어 '씹X야 너 엄마한테 이르면 죽는다'는 말과 함께.

경비실 김씨

심하게 불던 바람이, 나뭇잎을 수북이 가져다 놓았다
경비실 김씨가
작년 가을쯤 모아둔 낙엽에다
밤새 떨어진 나뭇잎을 구겨서 넣는다
마대자루가 불룩하다
경비실 하루가 마대자루에 담긴다
새벽기운이 차다
새도록 뒤척이던 사람들이 먹거리를 찾아 나서는 시간
김씨는
현관문에 들어선다.

데자뷰

 지하철 맨 끝자리에 앉아서 너를 베고 집으로 가고 있어 툴툴거리고 서있기 보다는 차라리 장애인과 노인 사이에 앉아 혹은 졸다가 혹을 머리를 꾸벅거리다가 너의 어깨에 실수인 척 머리를 얹었어 처음엔 너도 이 사람이 왜 이래 깨라며 헛기침을 하다가 그것도 여의치 않은 지 머리를 밀고 찡그리며 나를 보았지만 한 번 더 머리를 너에게 기대고 나니 혹 피곤해서 그럴지도 모른다는 맘이 생겼는지 어깨를 내어 줬어 너에게 나는 어떤 의미로 스쳐 지나가는 사람일지는 모르겠지만 그게 뭐 어때 너도 나도 세상을 마냥 둥글게만 산 건 아녔으니까 경로석에 앉아도 어색하지 않은 나이가 됐어 살아온 세상은 때론 힘들고 심지어 날카롭기까지 했어 오늘은 취한 척 모르는 척 너에게 머리를 기대야 겠어 시간이 지나 혹 오늘 어깨를 내준 너에게 고맙다는 말을 전하지는 못했지만 미안했지만

 오늘을 기억하다가 다른 날 다른 이에게 어깨를 내어주는 내가 데자뷰처럼 웃고 있었으면 좋겠어 그러면 됐어.

경계를 넘어서

하늘이 미워 보였다 왠지 모르지만 괜히 하늘이 미워 보이는 그런 날이다 무섭다는 건 내 맘속에 무엇인가가 자리를 해서 하늘에다가 그 감정을 실었다는 건데 내 내면에 무엇이 있어 파란 하늘을 무섭게 보았는지 잘 모르겠다 나도 살면서 간혹 무서움을 느낀다 그 무서움의 원인이 무엇인지는 잘 모르겠지만 남에게 내 속 맘을 알리고 싶지 않은 경계심이 두려움을 더 가중하는지 모르겠다 내 무서움은 어디서 기원하는 걸까? 수학시간에 주어진 문제를 다 풀고 답하는 친구들에게서, 나만 풀지를 못했다는 두려움이 나를 침잠하고 나락으로 내몰았을지도 모른다 혹은 영어시간에 졸다가 들켰지만 끝내 아니라고 우기며 시간 내내 졸던 상황을 연출하며 종소리를 들어야 했던 기억이 무서움의 원인이었을 지도 모른다 국민학교 때 짝꿍이 그어 논 책상 경계선을 넘는 건 참 어려웠다 여자였다는 이유로, 혹은 힘이 센 친구라는 이유로 난 아직도 그 선을 넘지 못하고 있다 지금 생각을 하면 그 선을 넘는다는 것이 그리 어려운 일은 아니지만 어린 나이에 그가 정한 경계를 넘는 다는 건 힘센 자를 꺾어야 하는 그리 쉬운 일은 아니었다 어린 시절 책상 위의 그어진 경계가 아직도 내 맘 속에 각인되어 있다 그 경계가 아직도 내 도덕적인 규범의 경계를 정하고, 혹은 내 생각의 대부분과 내 맘의 소심함을 제어하고 있다 파란 하늘이 무서운 건 내 잘못이 아니다 단지 파란 하늘을 무섭다고 단정해서 말하지 못하는 것은 국민학교 5학년 때 짝꿍이 그어 준 선을 내가 넘어서지 못했기 때문이다 난 아직도 그 선이 맘속에 내장되어있다 파란 하늘에 비행기가 지나간다 어디에서 왔다가 혹은 갔다가 오는 비행기인지는 몰라도 검은 구름을 아주 조금씩만 내가 보는 파란 하늘을 밀어서 채워주면 좋겠다 그럼 맘이 조금은 편해지겠다 그래야 먹구름이 섞인 파란 하늘이 무섭다고 해도 누군가 숨어서 쑥덕거리지 않을 거다 편안하다는 것은 좋은 것인데 좋다고 해서 다 편한 건 아니다 하늘이 파라면 좋다고는 얘기를 하지만 편하다고 말하지 않는다 때론 파란 하늘이 무섭고 두려울 때가 있다 나는 오늘에서야 파란 하늘이 무섭다고도 말한다.

가자지구

 창가에는 고양이들이 항상 있어 그 고양이는 눈동자를 굴리더니 누군가를 쳐다보고 있지 눈동자 속에는 아주 초췌한 늙은이가 비치고 있는데 그 늙은이는 고양이보다는 강아지를 좋아했었어 아이들이 태어나기 전에 강아지를 키웠는데 아이들이 털을 주워 먹는다는 핑계로 그 강아지를 버렸어 강아지는 하루를 멀다며 주인이라는 늙은이를 생각했지만 맘보다 먼 거리가 주인을 잊게 했어 난 새벽에 잠에서 깬 뒤 더는 잠을 연결하지 못하고 신문기사를 읽고 있어 번개같이 달려가는 세월 같은 고양이, 한때는 따뜻한 눈으로 바라봤음직한 버려진 강아지 왜 목이 말라서 일어났는데 고양이와 강아지가 생각이 났는지 모르겠어 언젠가 고속도로에서 처참하게 뭉개진 고양이 시체를 본 적이 있어 그게 나였더라면 생각이 머리를 스쳤는지 죽지 않겠다며 운전대에 힘이 잔뜩 들어간 나를 봤어

 화성 근처를 지나고 있는데 철새들이 떼를 지어 날아가고 있었어 간혹 고양이는 새들을 물고 와서 창가에 두고 갔어 먹지도 않으면서 장난하듯 사냥을 한 거야 사

람에게 길든 고양이지만 간혹 제가 어디서 왔는지를 인자로 기억하나 봐 몹쓸 유전자에 상처를 당한 새는 더는 날지를 못해 떨고 있어 새는 서성이던 강아지한테 또 물려가서 이내 죽어 그 새는 강아지한테 죽은 걸까 아니면 고양이한테 죽은 걸까 사람들은 고양이다 강아지다 말을 하기는 좋아해 그렇지만 새가 죽은 것은 분명한데 누구도 슬퍼하지 않아 어쩌면 고양이와 강아지는 같은 편일 거야 그러니까 고양이와 강아지가 같은 사진 속에서 저리도 환하게 웃고 있지 창가를 서성이던 고양이가 할퀸 상처가 내게로 오고 있어 어떤 강아지는 몸통은 흔들지 못한다며 꼬리를 흔들고 어떤 고양이는 째진 눈동자보다 동그란 눈동자가 세상을 더 많이 볼 수 있다는 성형외과 의사의 속임수에 속아서 눈깔을 까고 있어 고양이와 강아지는 원숭이를 싫어해 불행 중 다행이라 우리나라에는

원숭이들이 살지는 않아 원숭이들이 많이 다치지 말았으면 싶어.

전화가 왔다

 분명 무슨 일이 있어 한 것 같은데 쉬이 말을 꺼내지 못한다 고등학교를 졸업하고 그 친구는 지방으로 떠났고 그 후 소식도 없더니 어느 날인가 선생이 되었다며 연락이 왔다 시간이 지난 어느 날 그 친구는 아버지가 죽었다고 기별을 했고 장례식이 끝나자 소식을 또 끊었다 소문으로 교감이 되었다고 했으니, 지금은 교장으로 퇴임을 했을 거다

 친구 어머니도 죽은 걸까? 거추장스럽게 자랐던 새끼발톱도 마저 깎는다.

먼지

 여행을 떠나야겠어 흙에서 먼지로 바뀐다는 건 두렵고 남에겐 지저분한 존재라는 걸 알기는 하지만 그게 뭐 어때 날개를 갖지는 않았지만 하늘을 날아 아주 먼 나라로 가야겠어 한없이 날아가다가 숲 속에 자리한 작은 집에서 창밖을 내다보는 소년에게 말도 걸어보고 소년이 보내는 맑은 미소 속에다 나를 섞기도 하다가 TV를 켜놓고 졸고 있는 노인의 외로운 미소도 보고 춤을 추는 아이 어깨에 모른 척 앉아서 덩실거리며 함께 춤도 추고 더 멀리 여행을 하다가 여행을 끝내고 쉬고 있는 친구들을 만나면 너의 여행은 어땠어 바다를 건너온 이야기, 사막에서의 하룻밤, 호수를 건너오면서 만났던 커다란 붕어, 바람에 누웠다가 막 일어서려는 갈대들, 비를 피하려 집으로 돌아가는 참새 때 시간이 지나면 난 켜켜이 엉겨 붙어서 존재를 기억하지도 못한 채 또 흙으로 돌아가겠지만 오늘은 그냥 바람을 타고 날아가고 싶어 이대로 앉아서만 있기에는 내 생이 티끌 같아서 견디지를 못하겠어.

장마

 고래가 사막 멸치로 퍼덕이더니, 헉헉거리다 기다란 입김을 대지에 퍼붓습니다 지구 뼈다귀를 감싸던 모래도 먼지도, 동아줄 같은 빗줄기에 흠씬 두들겨 맞더니 신음하다가 흙 비린내를 뿌리며 죽습니다 건드리면 터질 듯 하늘은 울고 뱀같이 기어가던 물줄기들이 이내 끌더니 뭉치더니 때론 강물이 되고 폭포를 만들며 아우성입니다

 마침내 이글거리던 태양도 똥 닦은 휴지처럼 버려져 변기통 속을 회오리치며 빠져 나갑니다 땅도 사람도 비에 취해 비틀거립니다 넘어진 술병, 찢어진 우산은 도무지 일어설 줄 모릅니다.

이안

다시공방 운영
도서출판/홍두깨 주간
시집:그림자 살인

터미널

저곳은 여행 전문 도서관
마을에 관한 책들이 빽빽하게 꽂혀있다
폭 넓은 기행문에 첫 문장부터 마지막 장까지
질곡의 이야기가 진솔하다
대출기한이 하루를 넘지 않아
새벽부터 밤까지 쉴 새 없이 이어지는 열람
얼마나 급히 읽었으면 돌아온 책들이 뜨겁다
기쁨과 슬픔을 주고 온 책에는
사람 냄새가 나고 손때가 묻어있다
집집마다 두고 온 문장들로 지면이 텅 빈 책들
미래는 다짐하지 않는 거라며 서사가
접힌 부분을 펴고 낙서를 지운다

과거는 과거일 뿐
우리의 과거는 누군가에겐 미래니까
내일은 늘 새로워야 한다고 밑줄이 지워진다

낮부터 울며 돌아다니던 자음 한 개
저녁 늦게 서야 모음의 품으로 돌아간다

마감시간을 앞두고 책에 실리지 못한 문장들
감탄사를 토해내지만 마침표 없이
비문으로 돌아선다
마감 안내방송에 책장의 책들이 촘촘해지고
도서관의 불이 꺼진다

꽃등심

고기에도 꽃이 있다는 걸 알았습니다.
얼마나 꽃다우면 피 맺힌 저 육신이 꽃일까요

저녁 늦게 일마치고 돌아오시던 아버지
등에서는 무럭무럭 아지랑이피고
흰 속옷에 얼룩덜룩 다 피지 못한 꽃이
낙화처럼 새겨지곤 했었습니다
가족 위한 대리석 같은 등에 말이지요

그러고 보면
꽃에 등이 있다는 말도 맞고
등에 마음이 있다는 말도 맞고
마음에 심지가 있다는 말도 맞는 거 같습니다

그런데 제 등에는 왜
명명할 수 없는 무늬만 생길까요
명명할 수 없으면 꽃이 아닐까요
가지는 삭고 망울이 멍울로 커 가는데
제 꽃은 언제 피우게 되나요

편지의 진화

길가에 우체통이 사라지자 사람들은 쓰레기통에 소식을 넣었다 이를 눈치 챈 기관에서 쓰레기통을 없앴고 사람들은 비밀결사처럼 버스정류장 구석이나 골목 모퉁이 눈에 띄지 않는 곳에 그리움을 몰래 놓고 갔다 집집마다 부치지 못한 편지는 새벽에 쓰레기를 가장하여 비닐봉지 가득 쌓였다 나라에서는 그마저도 눈에 띄지 않게 사람 눈을 피해 차로 치웠다 사람 사이 편지나 전보라는 말은 잊히기 시작했다

오늘 아침 미처 수거 못한 다양한 편지들이 길에 흩어져 있다 전해지지 못한 마음은 구겨지고 찢겨지는 것인지 편지에는 '설레임 부라보 처음처럼 누네띠네 잘 풀리는 집'이 쓰여있다 출근길 사람들은 무엇인지 모를 글들에 눈살을 찌푸렸다

마음이 가난했던 시절 가슴 설레며 또박또박 전하고픈 말이었다

샌드위치

샌드위치 가게에서 식빵을 본다
켜켜이 쌓여있는 사각의 모래들
사막에서 모래는 어디에 있어도 봉분인데
샌드위치 백작은 밤의 사막에서
어떤 모래를 씹으며 점점 함몰되었을까

모래 오아시스 모래 오아시스
그리고 모래의 연속
사는 일은 모래에 이빨자국을 남기는 일이지만
아르바이트생이 자신의 생인 양
빵의 맨살에 단단하게 포장수의를 입힌다
부풀어 오른 모래무덤 같다
안장을 하고 관을 덮는다 잡다한 과거에
뚜껑이 닫힌다
주검이 두툼해진다
그녀는 매일 무덤을 일회성으로 판매한다

사막의 오아시스처럼
샌드위치 속은 경이롭지만 모래 위의 장소는

무의미한 모래일 뿐이라고
오아시스는 밖에 있고 그녀는 무표정하다
젖과 꿀이 흐르지 않는 가난한 땅
그녀는 원룸과 학교 사이 일터에 끼어있다

저수지

왕성한 식탐으로
덫에 걸린 것은 뭐든 집어삼키는 포식자
살갗이 갈라 터지도록 굶주려 본 고통을 등에 새긴
온몸이 물로 된 악어다

산으로 들로 골 진 곳마다 손을 뻗어
무엇이든 끌어당긴다
사냥터인 줄 모르고 물가에 서 있던 버드나무는
물에서 빠져나오지 못한 채
맛있는 뿌리부터 먹혀 들어간다
덫에 걸린 새들이 들키지 않으려 태연하지만
발은 물속에서 끊임없이 탈출을 시도한다

나르시시즘처럼 제 얼굴을 한없이 보다가
최면에 끌려 들어가는 먹이도 있다
삼키고는 아무 일 없었다는 듯 다무는 입
바닥에 가라앉혀 퉁퉁 불려서 먹는다
밑에는 썩어 물컹한 먹이들의 뼈가 가득하다
그래서 물속을 걸으면 다 죽지 못한 영혼들이

살려 달라 발목을 잡았나 보다

견디다 보면 바닥도 살만한 걸까
물밑 자잘한 돌들이 일가를 이루고 있다

많이 먹었구나 배 터지도록
그는 뚱뚱해진 제 얼굴을 보며 안도한다
저녁 하늘에서
한 무리의 철새가 덫을 향해 날아든다

모과

어머니 떠나시고
모과나무 가지에 모과도 누렇게 변했다
생각할수록 더 어두워지는 모과는
손길이 닿지 않자
바닥으로 뭉텅뭉텅 제 몸을 던졌다

'엄마 사랑해요'라는 말을 혀 밑에 묻었다
자꾸 더듬거리는 입속에 침이 고였다
초혼 소리가 북녘 하늘을 물들이고
집은 비뚤어진 입 꼬리를 무겁게 닫았다
들판에 억새가 쯧쯧 머리를 쓰다듬었다 그때
눈물은 질량보다 질감의 존재라고
희미하게 깨달았을까

비 오는 날이면
마당의 작은 웅덩이로 눈물이 고였다
겨울이면 소식처럼 눈이 내렸고
어머니는 언제 오셨는지
흰 치맛자락으로 지붕을 감쌌다

어리둥절 서있던 모과나무
남아있던 흰 고무신에 발을 넣어보는데

외로움은 홀로 견딜 슬픔이라고
어둠이 발가락에 자꾸 걸렸다

거품

거품에게도
품이 있다는 걸 알았다
얇디얇아서 안으면 터지고야 마는
아무도 들일 수 없는
헛헛한 품

모든 단점을 막으로 감싼다
누군가의 눈총에 터질라치면
더 큰 포장으로
가리는 그 속에서만 늘 당당하다

안아주지도 품을 수도 없는 보금자리
막
막
으로 분리되는 풍선
매끈한데 실체보다 부풀어
만져도 감촉이 없는 불안의 덩어리
부풀다 부풀다
더는 키울 수 없어 툭툭 터지고 나면

형체도 없이 발가벗겨진 기분

바닥으로 스미지 못하고
주루룩
하수구로 숨어드는 불투명의 가슴

후라이드 치킨

오래된 동네 통닭집에서
후라이드 치킨을 먹으며 생각한다
맛은 진화하고 인심도 변하지만
초심은
상하지 않아야 한다고 짠맛 하나로 지켜낸 이름

십여 년 한 자리에서
유행에 따라 수없이 피고 진 간판과 맛의
이름들 사이
겉은 바삭하고 속은 촉촉한
변치 않는 마음을 지키며 살아남았다

닭은 날지 않는 걸까
날지 못하는 걸까 아니면
날지 않고 나는 걸까

원가와 매가 자조와 자존의
갈림길에서
땀과 눈물의 구분도 없이

빛바랜 간판을 지켜온 주인을 보며 문득
후라이드와 프라이드는 동의어가 아닐까 생각이 든다

충치

빈틈없는 뼈 속에 삽니다
한 포기 풀도 나지 않는 절해고도지요
위아래에서 밀고 오는 파쇄기들
잘리고 갈리는 게 일상입니다
넘을 수도 올라설 수 없는 절벽에 살지만
어디에 사는가 보다
어떻게 사는가를 고민합니다

뼛속까지 뼈밖에 없는 곳
높아질 수 없다면 깊어지는 길을 택하겠다고
버티다 보면 단맛 나는 날도 있을 거라고
메마른 세상 묵묵히 자리를 넓혀갑니다

핏줄

신이 흙으로 인간을 만들 때
몸에 지렁이를 넣은 게 아닐까

어릴 때부터 내 몸에 실지렁이가 보였다
지렁이는 피부 밑에서 은밀하게 자랐다
힘 빠지고 뼈가 삭는 게 나이 때문만은 아니라는 듯
몸의 구석구석 양분을 먹으며 점점 커가는 지렁이
먹이가 부족한 내 몸을 버리고
손등으로 불거져 금세라도 피부를 뚫고 나올 거 같다

내 몸에서 일부 빠져나가
아이들 몸에도 꼬물거리는 푸른 실지렁이들
할아버지를 먹고 아버지를 먹고 나를 먹었듯
더 이상 먹을 게 없는 몸은 버린다

바닥을 기더라도 다음 생의 몸을 빌어
인류의 마지막까지 숙주를 옮겨가며 살아갈
무척추의 지렁이

이수진

국제펜 한국본부 회원
한국문인협회 회원
도산안창호 최우수상
영산강 빛고을 백일장 대상
산림문화공모전 최우수상
제19회 국제지구사랑공모 대상
청소년신문 신춘문예 당선
2023년 불교신춘문예당선(청벚보살)외 다수 수상

청벚 보살

개심사 청벚나무 가지에 연둣빛 꽃이 눈을 떴다
얼마나 오래 기다려왔던 것일까
가지하나 길게 내밀어 법당에 닿을 듯하다
꽃이 맑다

매화나무는 목탁 두드릴 때마다
꽃잎으로 법구를 읊고,
청매화는 동안거 끝에 심욕의 수피를 찢어
꽃망울 터트린다

저토록 신심信心을 다져왔기에
봄이 일주문에 들어설 수 있는 건 아닐까

가지마다 허공으로 낸 구도의 길
제각각 가부좌 틀고 참선의 꽃들을 왼다

전각에서 내리치는 죽비소리
제 몸 쳐대며 가람으로 흩어지는 풍경소리

합장하듯 꽃잎들 맞이하고 있다
법당 앞은 꽃들의 백팔배로 난분분하다

부처가 내민 손바닥에
드디어,
청벚 꽃잎 한 장 합장하듯 내려앉는다

말들이라는 반려

이른 아침 전화가 와서 받아보니
말이 식탁 위 올라앉는다
목소리가 귀에 닿을 때까지 그녀의 속내는
반뜩이면서 뭔가를 넘보는 징후일까
나는 가늠할 수 없어
내 안을 자꾸 추슬러보는데

말語은 반려의 속성을 가지고 있다
배려는 입속에 있을 때 챙기는 것이지만
입 밖으로 나가게 되면 길들이기 어렵다

혀에서부터 시작된 발음이 빠져나가는 건
가축에서 야생이 되는 것
내 안에서 훈육 시켰던
상냥한 말, 날뛰는 말, 물어뜯는 말들이
울타리를 넘어가는 것이다

그녀는 핵심을 말하지 않고
빙빙 돌려가며 내게 잘그랑거린다

나는 그 말을 덥석 물을 수 없다
아니 질문할 수 없다

지금은 아침 식사 중이고
말도 제 그릇 속에서 잠잠한데
자꾸만 말의 목에 방울을 달려 한다

곰곰이 생각해 본다
그녀는 곧잘 호기심을 툭툭 던졌으므로
들어줘야 한다는 의무감

그러나 이번에는 도저히 해 줄 수 없는 요구가
등을 곧추세우며 다가온다
번뇌는 아침밥 먹은 후 8시부터 하라는 소리가
바람벽을 긁고 있다

그녀는 살갑게 비비는 걸 모르는 걸까
말이 내게 닿아 맞대어 문지르는 일,
그것은 일종의 교감 같은 것인데

오늘도 간드러지다가 빤히 들여다보다가
제풀에 전화를 콱, 끊어버린다

그 사람

한낮 내게만 붙어 있다

햇볕 아래 산발한 채 기웃거리다 보폭을 맞추며
바싹 다가붙어온다 좌우로 방향을 바꿔도
어뜩어뜩 곁이다
내게서 달아나지 않는 이유라도 있는지
집 나설 때 슬며시 다가왔다가
해지면 어둠 속으로 흘려 간다
결코 밀어낼 수 없다 내게로만 떠돈다
형체에서 절대로 빠져나오지 않는 외골수
모르는 척 밟고 지나도 아는 척 건너뛰어도
늘 삐끗한 그 자리, 절박하게 달라붙어 있다
무작정 지키는 저 집착,
나를 그늘로 삼아 호시탐탐 동정 살핀다
사는 내내 기생하는 음영이다

나는 그에게 들려 있다

부지깽이의 외출

아궁이로 아이들을 모아놓고
쑤석쑤석한 수다를 쬐곤 한다
불기둥 하나에 고구마 싼 은박지 하나
잊어서는 안 된다
작은 불덩이들을 오소소 긁어모으는 건
늘 내 몫이다

한때 나는 오줌싸개 유발자였다
불 속에서 의문표 던져 봐도
조금씩 짧은 느낌표로 되돌아올 뿐,
정답이 없다 아마도 정답은 처음부터 없었다

아궁이 속 헤집었더니
별들이 잿더미로 내려왔다

어라, 마당 콩이랑 깨가 톡톡거리고 있네
예감은 벌써 털리고 있다
심술을 끌어내거나 거두어내기
좋은 밤

그렇다고 내던지진 말아줘
가느스름한 불안이 적중되지 말 길

할머니가 지팡이를 찾고 있다
어디에 두었는지 이리저리 살피고 있다

이것이 나의 마지막 기회,
구부정한 등을 받쳐 든다
아궁이 같은 저녁 어디든 갈 수 있겠다

장마詩

무작정 쏟아내는 장마의 말들,
더 이상 대책이 없었는지
산비탈도 제 속을 털어낸다

구름의 속내가 무엇인지
일기예보는 자꾸만 틀리고 있다
팔월의 숫자들을 챙겨 떠나온 저수지는
몇 날 며칠째 심통이다

빠른 급류에 여기저기 흙탕물 치고
그 괴성을 주워 담는 댐 수위가 올라간다
하늘은 그 마저 성에 차지 않는지
지축 울리는 뇌성으로 번갯불을 당긴다

어젯밤 낚시꾼에게도 일침이 가해졌을까
고립된 둔덕에는 덩그러니 의자만 나앉았다
저수지에 낚싯대 드리우듯
시인에게도 낚을 게 있을까

알 수 없는 자음 모음이 떠 내려와
젖은 노트에 문장을 받아 적기도 했을,
또 한 번 천지가 백지처럼 흔들릴 때
표지를 찢고 나온
詩라니!

먹구름의 운필에 또박또박
시 한 편이 이어가고 있다

섶다리

나무는 죽어서도
자신의 **뼈**를 빌려준다

어깨와 어깨를 걸어
폭우로 널뛰는 물의 마음 다잡아가며
봄꽃 만발한 산나물 바구니
사뿐히 걸을 수 있게

무명천 걸친
그렁그렁한 눈물 닦아주고
뼈 없는 슬픔 부축하며
밭을 건네주고 논을 건네준다

고봉밥 같은 길을 내며
거친 손등으로 눈보라 쓰윽 닦아낸
아버지의 저 듬직한 등처럼

꽁꽁 언 물속에서도 **뿌리내려**
휘청거리는 어린것들의 걸음

주저앉지 않도록 모두 끌어안고 버틴다

나무는 오늘도 냇가에 서서
등이 휘도록 자신의 뼈를 빌려 준다.

억새

하늘만 보고 웃자란 백발들
시든 햇살을 머리에 이고
바람에 은빛파도가 인다

긴 시간 덧입혀 놓은 계절을
벗어던지는
강변

너울로 이는 바람의 발자국을
다 받아 읽는다

한 아름 가을이 적어둔 저 편지
볕 좋은 창가에 꽂으면
떠난 시간이 되돌아올까

가늘게 떨리는 솜털 사이로
하얗게 피어나는 그림자들
노을로 붉게 덧칠하고

메마른 지난 날
바람이 앉았다 간 자리
오늘따라
빛바랜 침묵만 흔들리고 있다

한옥

고택에 다녀간 삼동의 침묵
시리고 시린 마디 엮어
녹의홍상 꿈꾸던 뒤란에
들뜬 마음 주저앉힌다

툇마루 헛기침 소리에
치맛자락 펄럭거리고
하얗게 흩날리는 묵은 시간
부연 먼지로 일어난다

서리서리 휘감긴 시간
무엇으로 풀 수 있을까
앙다문 춘삼월도 봄볕에
꽃등을 매다는데

가지 끝 물오르는 연둣빛
장독대 위 봄빛은
주인을 잃고 서성거리고

꽃잎의 날갯짓 꽃비에 젖어 들면
해후도 잠깐일 뿐 이별만 서럽다

돌담 안
층층으로 쌓인 적요가
이 집의 주인이다

고무신

주춧돌 위에서
토방을 지키는 고무신 한 켤레
저물녘을 꿰고 있었다

아버지의 낙관이었을까
너른 동구 밖은 그림 한 점이었다
발자국이 지났던 자리마다
먼지가 비죽이 피어나던

굴뚝 위로 누르퉁퉁한 저녁 해가 올라서면
헐렁거리는 구름도 어스름에 벗겨졌다

마당이 사그락사그락 걸음을 받아낼 때
나는 코숭이처럼 고개를 돌렸다
옛다, 주머니에서 꺼낸 눈깔사탕 하나
달처럼 컸다

밤도 발부리 꿰면서 새벽으로 걸어갔는지
이제는 아버지도 먼 길을 가셨다

손때 묻은 지문이 아직 묻어 있는 방,
헛기침 소리 들리는 듯
낡은 경첩이 삐걱댔다

뒷짐 진 앞산도 구부정하게
벗어놓은 햇볕 한 켤레,
댓돌 위에 정갈하게 올라 있었다

묵언

예감이 먹구름으로 뒤덮고 있다
여러 곳이 고장이 났다
몸의 자동감지기
방어시스템마저 오류를 일으키며
아침도 점점 궁핍해지는 변명으로 무너진다

어젯밤 밤새 깜박거렸을 가로등처럼
그의 심정을 헤아리는 중이다

수시로 경적을 울려댔다
옆집 남자 담배연기가 담장을 넘더니
깊숙이 잠자는 경보기가 울린다

반쯤 열린 창가
가상의 적이 창궐 중이다
지구촌 곳곳에서 벌어진 사투가
일간지를 뒤덮었는데
고작 연기와 대립 중이다

모두가 원하지도 않았는데
우리 안의 우리와 전쟁 중이다

인도는 불볕더위로 수만 명씩 죽어 나가고
멕시코 연안에는 죽은 고래들이
흰 배를 드러낸 채 떠내려 와 햇볕에 말라간다

예언자들의 종말론
전 세계를 기습한 코로나 19
게릴라 전법이 초정밀 타격을 가하고 있다

자동감지 기능을 상실해버린 듯
종교 주의자들은 세기말의 현상이란 넋두리가 거리를
누빈다

열대림을 무조건 보호해야 한다고
엘니뇨가 온 세계를 노아의 방주처럼 떠다니게 할 거라고

자동면역 시스템이 붕괴했다

캄캄한 우리 몸속
시시각각 요란한 경보음이 울려 퍼져도
여전히 넙죽 엎드려 묵언 중이다

한향흠

시집: 다시 피는 국화

카멜레온

피부에 자잘한 돌기는 반 고흐의 붓끝이다
그는 감각적인 예술가다
가는 곳마다 색다른 물감을 쓴다
바닥에선 흙빛을 담아내고 나무에선 잎의 색을 닮아낸다
영감이 떠오르면 어디서든 그리고 싶은지
몸은 늘 축축하게 젖어 있다
주변에서 포착한 유사성, 그 색의 변화가
감정에 따라 번번이 채색된다
귀가 없으면 색이 더 진지해진다고
그에게서 귀는 지워야 할 색의 일부였을까
아니면 몸이 들어야 하는 피부 전체였을까
미동 없이 등 뒤까지 보는 동공
일순간 뻗어내는 긴 혀의 운필
곤충의 색까지 낚아채듯 콕 집어 입속에서 녹여낸다
몸의 한 공간에서 같으면서 다른

밀고 당기는 색들
긴 네 다리가 캔버스를 옮긴다
메뚜기 자벌레 나비 거미를 관찰한다
온갖 편린이 섞여 눈 속에서 드로잉 된다 명작이
순간,
순간,
순간,
소리 없이 생겼다
사라졌다 생긴다

말[言]의 침식

언쟁은 파도가 부서지는 일과 같다
논쟁에는 미움은 없으나
각자의 입장이 깎이는 일은 있다
언성이 높아질수록 흰 꽃송이들이 들썩인다
말을 물감으로 그릴 수 있다면
반으로 접어 데칼코마니도 만들 수 있다

상대에게 내지를 수 있는 건
자신만의 구도가 있어서다
꼬리에 꼬리를 물고 밀려드는 포말은
말의 획인 것이 분명하다

보이지 않게 침범해오는 것들
보여서 침식으로 무너지는 것들

싸움에도 차마 할 수 없는 말
차마 하지 못하는 말 사이에,
물방울이 있다 터트릴 수도 없는

팽팽한 논쟁에서 밀려드는 힘
나도 모르게 휘말려 드는 숨

겨울이 나무들을 침식해간다
얼어버린 관계는 들뜨기도 하지만
일순간 내려앉게도 한다

내 눈에서도 바닷물은 태어나고 있다
상처가 깊을수록 그 수심은 깊다

파도가 뭍으로 더 밀려갈수록 거품자국이 생긴다
언쟁도 밀어붙이다 보면 자존심과 맞닿게 된다

룰은 일종의 조수 간만 차
때를 지켜야 바로 잡힌다
서로 흠뻑 젖어 들게 아니 스며들게

언쟁에서 벗어난 사람이
해안가 모래사장을 홀로 걷고 있다

그에게 파도는 복기(復棋)

후회가 언쟁을 만나면 둘 다
물처럼 스러지는 일이 된다

먼지의 안부

홀몸인 어머니 떠나시고 텅 빈 집
굴삭기에 철거되고 있습니다

지붕과 벽면에서 뿌옇게 일어나는 먼지가
또 한 번 공중에 집을 짓습니다

일생을 머물었던 체취의 알갱이들로 다시 삽니다

먼지는 옆 감나무에게도 날아가 뿌리에 스밀 것이고
싹에서 잎으로 넘나들며 또 한 번
가지에 빨간 집을 지을 것입니다

인부가 분주히 호스로 물을 뿌릴 때
얼룩으로 스미는 것은 집의 잔상입니다

눈에 보이지 않는 것까지 품고 있는 먼지에
집과 나무와 당신마저
공중에서 기댔다가 흩어지는 것입니다

숭숭 뚫린 드럼통에 폐목재가 타고 있습니다
불길 안에서 가장 화려했던 날들이 보입니다
매운 연기란
태워야만 했던 곡절이 눈물을 부르는 것입니다

잎 진 가지에서
저절로 붉어지는 감처럼

눈과 코를 어르며
연기는 더없이 자유로워집니다

집도 밤과 낮을 무수히 지내다 보면
어느 때엔가 먼지를 주인으로 맞아야 합니다
먼지 속에는 거쳐 간 사람의 각질과 체온이
드리워 있기 때문입니다

빈집은 새로 견고하게 세워질 것입니다
매년 잎과 가지 사이에서
뿌리에 뿌리를 거쳐 온 가계家系가 완성되듯

우두커니 무너져가는 집을 바라보는데
머리며 어깨에 먼지가 내려앉아 있습니다
매운 연기 따라
가늘고 보드라운 안부로
마당에 날립니다

이중성

재래시장 입구에 수박을 가득 실은 트럭이 있다
한 통에 오천 원 문구로 눈길이 간다
어느 것이냐고 물었다
잘 보이지 않는 구석 제일 작은 거란다

가장 탐스런 수박 하나에 눈길이 머물고
겉과 다른 속을 가늠해본다
빛의 방향 따라 주변 초록을
그대로 결에 잇대어 놓았는지
깨지기 위해 존재하는 원형인지

짐칸에서 서로 기대 얹혀 있던 수박 하나를
건드리자 기우뚱 쨍그랑, 바닥에서 깨진다
수십 개의 눈이 번쩍번쩍 빛나고 있다

어디로든 가려다 더는 어쩌지 못하고
향기의 파편을 흘리는 저 것,
시멘트에 핏빛이 낭자하다

빗자루와 쓰레받기로 황급히 쓰는 주인,
첫 개시가 보시구나 오늘은 대박

점찍은 수박을 두드려본다
하늘과 나무를 가득 품고 바람의 흐름까지
울려내는 소리,
청명하다

외면과 구매는 이중성의 경계에 있다
보이는 외면과 보이지 않는 욕구가
지갑을 만지작거리게 한다

산산 조각난 수박
가느다란 끈이 간신히 감싸는 수박
아무도 알 수 없는 향기에 갇혀 있다

김치 맛이 첫눈처럼

김장김치 담그려 파를 썰어갈 때
두 눈은 알싸한 향으로 봉숭아꽃이 된다
등줄기에도 땀범벅이다

고춧가루 젓갈 생강 마늘이
벌건 소가 될 때까지
얼마나 자신을 버려야 할까
형체도 색도 다 내어주고
커다란 양푼에 섞여 있다
나의 첫 감정들이 휘감겨 있는 것이다

고통 슬픔 질투 절망이 버무려져
켜켜이 절여놓은 배추 앞에 있다
고무장갑 낀 채 골고루 묻혀 준다
겉잎으로 한 번 감싸 통에 넣을 때
떠오르는 사람,
나는 그에게 어떤 소였을까
검지로 맛보는 그 시절

초겨울 되면 김치냉장고에
차곡차곡 담긴 통들,
겨우내 버틸 든든한 나의 속내다

김치를 나눈다는 건 정(情)을 건네는 것이다
그가 맛있다고 하는 건 나와 통했다는 뜻이다
그리고 묵은지가 될 때까지
우리는 향기롭게 발효되는 사이가 된다

김치가 익어가고 있다
베란다에서 창밖 내다보며
찻잔을 두 손에 감싼다

전화가 왔다, 첫눈처럼
그가 김치 맛이 일품이라며
흰 송이송이 같은 말,
수화기 속에서 내려준다

눈빛을 입어보는 마네킹

쇼윈도 속에서 지나는 눈빛을 고른다
저들에게는 자유가 보이지만
나는 그것을 입어볼 권리가 있다

눈빛들 유리창 사이로
수없이 드나드는 동안

나를 본다
아니 내가 그들을 본다
순간적으로 빛나는 호기심이
동공에 기록되고 있다

열두 번째 손님을 입을 차례다
취향도 기성이므로 나의 개성은
그로 인해 완성된다
관심과 무관심 사이
구매와 망설임 사이

그러나 저 눈빛은 비만하다

여자의 허리까지 입어보다 그만둔다

억지로 끌어올리려다 민망한 탈의실,
느낌만으로 맞춰 입을 수는 없다
돌려보낸다

사이즈 44,
주인공은 누가 될 것인가

다시 다리 꼬고 팔 든 채
신상품 같은 사람을 찾기 시작한다
어딘가에 나와 같은 기호와 디자인을
선호하는 이가 있을 거라고

시간에 콕 박혀 있다
누군가 쇼윈도 앞에서 머리 내밀고
가만히 들여다본다
열세 번째 모델이
가게 문을 밀고 들어온다

노노스족

 이름을 찾습니다 수많은 사람이 부르는 엄마, 당신이 입고 있는 피부의 명칭, 그 속에는 민병순이 있습니다 엄마와 민병순은 겹쳐져 있지만 엄마는 이미 상징이 되었습니다

 배고플 때 누구와 다툴 때 악몽을 꿀 때 '엄마'를 부르면 일순간 해결된다는 걸 누구나 다 알고 있습니다 아이들이 커가며 엄마는 아이의 크기에 맞는 옷이 됩니다 자식들의 어머니, 대중의 맘, 엄마 안에서 엄마가 되고 어머니가 되고 맘이 되고 마음이 되어, 엄마라는 상징은 모두의 일상이 됩니다

 엄마를 모시고 병원에 간적 있습니다 간호사가 민병순을 부르는데 엄마는 엄마를 기다립니다 엄마는 민병순을 잊었고 민병순도 엄마를 잊은 것만 같습니다 엄마와 민병순은 같으면서도 다른, 기억에서 길을 잃었나봅니다

 엄마, 엄마를 부르는데, 왜 대답 안 해, 엄마를 일으켜 세웁니다 굽어 있던 허리가 한쪽 팔짱에 의해 민병순으

로 일어납니다 엄마는 비로소 민병순을 압니다 엄마가 갖고 있었지만 평생 입지 못했던 가슴 속 웅크리고 있는 민병순입니다

온양에 모천이 있다

연로한 어머니 휴대폰에 위치 추적 어플을 깔아드렸다
이제 나는 집에서도 어디 계신지 알 수 있다

동그라미 하나가 지도에서 움직인다
오늘은 어디로 가시는 걸까
전철 노선을 따라가는 걸 보니
또 시골에 가시는 거다

문득 다큐멘터리의 송어가 왜 떠올려질까
바다에서 강으로 되돌아가듯
어머니는 고향으로 회유하고 있다

아이콘이 꼬리치며 거슬러가다 멈춘 곳,
이백여 평 밭이다
거기서 산란한 것이 열무, 완두콩, 시금치다
흙과 돌을 고르고 거친 숨 쓸어내 낳은 것들,
그 굵은 씨알을 해마다 자식들에게 먹인다

어머니는 기억도 사연도 사람도
돌아오게 하는 힘이 있다

휴대폰은 지느러미 같은 걸까
가고 싶으시면 언제든 가보세요,
나는 휴대폰의 움직임과 유영을 믿는다

오월쯤 고향을 찾는 송어처럼
어머니는 지금 온양에 가 계신다

파꽃

남편은 꽃을 꺾어 파만 먹자했고
나는 꽃이 있어야 파가 산다했다
오해와 이해가 다녀가는 저녁

요리 준비하면서
화분에 묻어 놓은 파를 뽑으려할 때
꽃 없는 줄기가 시들어 있는 걸 보았다
들여다보니 구멍이 훤히 뚫려 있다
남편이 또 땄구나 생각해보는 사이

한때 내 꿈도 세상에 의해
꺾인 적 있었다 그땐
누구나 빛을 지녔지만 모두가
앞길을 밝히지 못했던 시절이었다

푸르던 잎이 누렇게 말라가듯
시간에 순응하며 살아왔다

요즘에 와서야 시든 파 옆에
새잎이 올라온다는 걸 알았다

나도 만학의 꿈을 이뤘고
새로 솟는 시심도 갖게 되었다

파를 다듬어 송송송 썬다
어느새 남편이 뒤에 서 있다
꽃을 따낸 건
멀리 보지 못했기 때문이라는 걸
말해주려다 그만두었다

언젠가 빈 마음자락에도
산형꽃차례로 별이 돋아날 거라고
믿기로 했다

찌개가 끓었고
남편은 수저를 짝 맞춰 놓았다

틈의 사회학

아래층 천장에 얼룩이 생겼다고 초인종이 울렸다
건넛방 보일러가 잘 작동하지 않은 게 걸렸다
물은 정해진 대로 가는 게 순리지만
일탈하는 순간 소행이 된다
바늘구멍보다 작아도 빠져 나가려는 속성,
장판을 들춰보니 눅눅한 흔적이 역력하다
어디서부터 잘못된 것일까

어떻게 단단한 쇠파이프를 비틀었는지,
미로보다 더 복잡한 관로에서
꾸르륵 소리가 난다
습기는 넘어서는 안 될 선을 넘은 것
얼룩으로 기생하는 저 징후

아래층에서 하얘진 얼굴로 또 올라왔다

더 번졌다는 날선 소리,
소문이 소문을 낳듯 천장은 먹구름이라 했다

무엇이 궁금했기에 아래로만 눈독 들였을까
눈치 볼 거 없다는 물의 무례함,
결국 나는 근원을 찾아 다 뜯어내야 했다
부엌과 방을 헤집고 시멘트 깨고서야
무색무체의 너를 색출하고 만다

하늘을 어둡게 만들며 이탈하고 싶은 심리,
우리에게도 있을까
감정이 갖는 수만 가지의 충돌 속에서
일탈을 키운 틈,
불화가 영역을 넓히는 세상이다

금기가 부른 호기심이 지금도

어딘가에서 또 다른 틈을 노리고
물바다를 찾고 있다

이문자

소설가, 시인, 칼럼니스트
서울 종로문협 사무국장, 계간문예 작가회 사무차장,
뉴스N제주 칼럼니스트
국제PEN한국본부,
경북일보 문학대전 시부문 문학상 수상 외
단편소설《내미는 손》, 시집《단단한 안개》

레밍 효과

수직으로 퍼붓던 소나기가
땅을 만나 멈칫멈칫 흐른다 가끔
턱을 만나 주저하지만
갈 길이 있다는 듯 선택의 여지없이
하수구로 빨려 들어간다
당연한 것처럼
뒤돌아보지 않고 힘차게 흐르는 물

힘 있는 것은 멈출 수 없어
속도에서 빠져나올 수 없어

앞 물에 끌려 처음부터 하나인 것처럼
물줄기는 점점 거세고 커진다

뒤를 따르는 불안한 안도감의 속도

가는 길이 이 길이 맞는 건지
울컥울컥 멈추기도 하지만
뒤돌아볼 겨를 없이 앞만 보기도 버겁다

운드 힐링

공원을 걷는다
햇살 가득한 길가 벚꽃 잎이 날린다

바람이 일 때마다
우수수 흰 꽃잎이 떨어진다

빈 꽃자리에 하나둘
채워지는 연둣빛 나뭇잎들

육신의 상처는 아물어 지워지고
기억의 상처는 잊어야 지워지고
연둣빛도 지워져 초록의 숲을 이룬다

끝인 곳마다
마지막이 아니라 새로운 시작으로 푸르다

반올림

그녀는 반 지하에 살고 있다
장마철이면 상형문자의 곰팡이가
우울의 문장을 쓴다
냄새가 몸에 끈적끈적 들러붙어도
무더위에는 반 지하가 최고라고 위로한다

창살 사이로 햇살은 벽의 반을
데우다가 힘없이 사라진다
그녀의 목소리는 세상에 온전히 닿지 않고
계단은 반만 밝은 사각지대다
지상을 향한 계단은 위에 있는 자들의
몫이라고 체념하다가도 눈과 귀는
창을 두드리며 대화를 시도한다

그녀가 사는 공간은 어둡고 퀴퀴한
냄새로 얼룩져 있다
지금도 그녀는 반 지하 계단을 오르고 있다
조금만 더 오르면 일 층이라고
온전한 봄 햇살을 받을 수 있다고

누구에게는 평범한 시작이
생의 끝 날까지 닿아야 할 목적지라고

매시업

그는 들으려 하지 않는다
자신의 생각을 틀에 가두고 있다
맞다로 시작되어 다른 이견이 들어올 틈이 없다
틈이 없다는 것은 섞일 수 없다는 것

덜 익은 대추 붉게 익어가듯
개울 사이에 다리가 연결되듯
해가 저녁을 만나 노을을 만들 듯
틈은 모든 일의 연결고리인데

틈이 없는 것이 틈이 있는 것인지
틈이 있는 것이 틈이 없는 것인지
섞는다는 건 썩는다는 것인지

없는 틈이 사람 사이 틈을 만들고
섞이지 않으려 그는 썩어가고 있다

깨진 유리창 이론

옆집에서 양파를 보내왔다
가족이 싫어하는 채소라서 베란다 구석에
밀어 두었다

어느 날 보니 제 몸을 찢고 양파가
여린 손을 내밀고 있다
순이 올라오면서 단단하고 희던 몸이
결박을 풀고 썩어간다
한센병 걸린 환자처럼 검붉은
눈물이 배어 나온다
야무지고 매끈하던 몸이 짓물러
죽음의 향으로 가득하다
관심 잃은 것들은 죽음에 죽음이 디헤져
서둘러 주검에 이르나 보다

도박사의 오류

그는 야구를 보고 있다 자신이 응원하면 진다고 생각하는 그는 실제로 팀이 진 적이 많았기 때문이다 결과가 승리로 나오면 있을 수 없는 일이 생겼다고 놀란다

승부는 9회 말 투 아웃부터라지만 이변은 없고 변명만 남는다 다음 경기에서도 승리의 기억보다는 자신 때문에 졌다고 괜히 봤다고 속상해한다

경기에서 정해진 승리는 없다 결과는 반 이상을 예상할 수 없다 모든 결과는 가능성의 크기보다 성공 아니면 실패로만 나뉜다

오류는 오류일 뿐 본질이 될 순 없다

애쉬 법칙

친구를 만나 산길을 걷는데
산책로를 벗어나 사람들이 샛길로 간다
이미 샛길은 샛길이 아닌 듯
번뜩이는 살갗을 드러내고 있다
무심결에 그 길을 따라간다

늦게 온 그녀의
당연시되는 코리안 타임처럼
이정표 없는 길이
다수에 의해서 길로 인정되었다

정의가 정의로운 것이었던 시절은 갔다
정의롭지 않은 다수의 사람이 만들이 가는
유동성의 정의

앞사람의 등을 보며 걷는데
내 뒤의 눈길에 뒤통수가 따갑다

디드로 효과

보험을 들었다
광고를 보다가 건강할 때 들어야 할 거 같아
부족한 부분의 보험 설계를 새로 받았다

중복된 게 많은 거 같아
보험료가 오를 거 같아
빠진 보장이 많은 거 같아
오래된 보장을 믿을 수 없어
아이의 보험이 부족한 거 같아

새로 설계 받고 들었는데도 뭔가 불안하다
매달 내는 보험료가 만만치 않다
보험료가 과하지는 않나 해서
오랜 세월 낼 수 있을까 걱정이 된다

그러고도 또 무엇이
나를 제대로 보장해 줄 수 있을까 고민된다

엉덩방아 효과

사과를 한 상자 샀다
윤기 있는 사과가 작고 붉어서 먹음직스럽다
아침마다 손안에 사과를 베어 물면
입 안 가득 새콤 달콤 과즙이 가득하다
상쾌하고 건강해지는 기분이다

오늘 아침도 사과를 아싹아싹 베어 물었다
순간 맛도 느낌도 이상하다
놀라서 입에 있던 사과를 뱉었다
먹던 사과를 확인하니 벌레가 보인다
처음에는 이럴 수가하고 화가 나다가도
벌레 먹은 사과가 몸에 더 좋다고 생각된다

벌레가 있는 사과 왠지 믿음이 간다

링사이어티

얼마 전
사 온 나무가 베란다에서 죽었다
나에게 뭐라고 말했던 거 같은데
알아듣지 못했다

뿌리째 생각이
썩어가요 말했던 거 같다 잎이
벌어지지 않아요 입이라고 말했던 거 같다
손마디가 부러져요 라고 말했던 거 같다
얼굴이 누렇게 변해요라고 말했던 거 같다
꽃 같은 나이가
시드는 거 같아요 라고 말했던 거 같다
관심 좀 가져 주세요
난간에 서서 말했던 거 같다
눈이 멀고 귀가 멀어도
맺힌 가슴을 자꾸 두드리는 거 같다

허윤설

충북 단양 출생
2016년 『월간 시』등단으로 작품 활동 시작
제 40회 근로자문학상 시부문 금상
시집: 『마지막 버스에서』
갤러리/다시 동인 공저 시집 『버드나무 강가』

사랑, 니

스무 살 즈음
구석진 곳에 아프게 찾아온 너
사랑하는 방법이 서툴러
난 세심하지 못했고 너는 덤덤했지
맛있는 건 늘 네 차례가 가기 전 끝나
맛만 보다 말던 어느 날
단단한 콩 하나 야무지게 물더니
통증과 함께 찾아온 불길함
골절.
내 아둔함은 내색하지 않으면 알 수 없어
늘 무탈한 줄 알았는데
찢어지고 부러지다니...
네가 아프면 내게 전해오는 전율
너 보내는 슬픔보다 내가 느낄 통증이 두려워
떨리는 입술
환하게 불이 켜지고 요란한 소리
몇 십 년 함께 했던 시간이 끌려나왔다
우리는 헤어졌다

도화주桃花酒

순란한 봄을 잡고 싶었어
술을 먹였지
겨울을 나느라
퇴색된 밭둑에 고요히 서 있던 개복숭아 나무
무디어진 바람결 사이로 밀어낸
어린 꽃망울 분홍분홍 펼치면
한 잎 두 잎…
하늘거리는 봄을 유리병에 담고
40도 사랑을 부었지
취하면 휘청거리는 중심
길은 없던 높낮이를 새로 만들고
방향은 엉뚱한 곳을 가리키기도 해
이제 도망가지 못할 거야
꽃에 먼저 취하는 술
발그레 연분홍빛으로 달아오르고
내 스무 살 시절도 그렇게 익어갔지

꼽주다

전철 문이 열리자
내린 자리 채우러 들어오는 사람들
의자 하나 빈 곳에 중년의 여자 빠르게 앉자
뒤따라오던 지팡이 하나 멈칫 선다
중년을 따라잡기 버거운 나이
세 발로 걸어도 한 발 늦었다
서 있는 노인 앞에
나란히 앉은 청년과 중년 사이
어색한 기류
방금 앉은 여자 망설임이 스치고
젊은 남자 휴대폰에 얼굴을 박는다
아주 짧은 적막을 깨고
중년이 양보한 자리 할머니 앉자
옆에 앉은 청년 귀엣말을 한다
귀를 가까이 대고 듣던 노인
옆구리 크로스백을 무릎 위로 옮기더니
청년을 바라보며 큰 목소리
됐어요?
다리 좀 오므려욧!

*꼽주다: '창피하게 하다', '눈치를 주다' 라는 뜻으로 1020세대가 자주 쓰는 신조어

시詩 맛

입이 궁금하고 속이 허하면
배가 고프다는 신호
뭐해 먹지?
혼잣말인 듯 아닌 듯
흘러내린 말이 낚시가 되기도
메아리처럼 사라지기도 하는 말
말을 타고 밖으로 나가 한 바퀴 돌면
날 듯 말 듯 한 생각
재료를 찾으면 무딘 칼로 가르고 다듬으면
나타나는 비유와 상징
행과 연을 나누어 뭉근하게 조리다보면
은유가 없어도 입맛이 돌 때 있지
그건 어쩌다 있는 일
나 혼자만의 독백이 되는 진술
진수성찬 같아도 상위에 올릴 게 없어
두 손 놓으면 슬며시 잡아당기는
뭐해 먹을까?
입에 착 달라붙는 맛 어디 없을까?

주름 사이에 그녀가 있다

손끝에서 원단이 옷으로 피어나면
날개 돋은 어깨가 쑥쑥 올라가
구김살 없는 날이 고속으로 펼쳐졌다
재봉바늘이 손을 박으려는 아찔함
내려앉는 눈꺼풀 집어 올리며
밤을 낮처럼 보냈던 그녀
쏟아지던 주문이 가뭄에 강물처럼 줄다
드러난 바닥
네온사인 꺼지고 양장점 간판이 내려졌다
그녀가 선 곳은 벼랑 끝
날개 꺾이고
달콤하게 불리던 사장님 소리
발끝에 차였다
한 때 사거리를 주름잡던 그녀
뒷골목 허름한 세탁소에서
무디어지는 마음 칼주름 잡고
구겨진 날 펴는 동안
자글자글한 얼굴과 손등
주름 사이에 그녀가 있다

하얀 구석

다급한 문자
부천시에서 배회중인 이실종씨(남 87세)를 찾습니다
-165cm, 검정바지, 회색티셔츠, 흰색모자와 운동화
어디쯤에서 기억을 놓쳤을까
지난한 세월 노을처럼 스러지고
하얗게 생긴 흔적
서서 헤엄치는 해마의 꼿꼿함이
머릿속에 줄어들면
흔적이 자리를 넓혀 일상의 꼬리를 자른다
배회한다는 느슨한 말과 달리
가는 길도 되돌아오는 길도 잃은 채
대낮에 헤매는 캄캄한 길
깜빡거리며 가는 걸음 기약 없는 곳에 닿을까
이름도 얼굴도 모르는 사람들에
소리 없이 외치는 초조함
어머니, 아버지

여름은 배롱나무에서 시작된다

우레와 천둥소리 굴하지 않고
백일은 피어야 꽃이라고 피우는 고집
일찍 온 태풍에
잎조차 성글 때도 있었다
쌓인 시간이 터지면
바닥부터 속을 드러내는 모습
손끝으로 전하는 안부에
고개를 흔들기도 했다
봄 한철 붉게 번지는 유혹
흘려듣는 이야기처럼 외면하며
눈감고 귀 닫은 채 빈 틈 없이 보내는 시간
나무가 뜨겁다
가지마다 열기 오른 시커먼 흔적
태풍은 비켜가고
꽃봉오리 빨갛게 곤추 선다

도강盜講

여기는 숲 속 작은 건물
내로라는 노시인의 강의에
후끈 달아오른 분위기

여치 한 마리
옆자리 여자
초록색 블라우스 어깨에 앉아
詩 이야기 듣는다

가끔 고개를 끄덕끄덕 하고
갸웃거리기도 하며
바라보는 눈 개의치 않는다

날개만 비비면 아름다운 시
가을밤 새도록 쓰면서
몰래 숨어 듣는
저 열정

시인의 강의가 쓰르르 쓰르르

마음으로 가는 기차

굽은 길 돌아갈 때도
입 벌린 굴속을 들어갈 때도
늘 앞서가는 길
둘이 하나의 이름으로
가깝지도 멀지도 않은 거리
덜컹거릴 때마다
침목 아래 작은 돌들 시끄러운 소리를 받아냈다

살아내느라 조바심 낼 겨를 없이
터널 같은 가난을 빠져나오며
잃어버린 많은 것
풍요로움 속에 묻혀 버렸다
식탁에 둘러앉는 시간조차 빼앗긴 일상
나란하던 길 하나 끊어진 위에 서서
빠르게 바뀌는 세상 쫓느라
몸이 내는 소리 마음이 들을 때 있다
한 번 올라서면 끝이 나야 내려오는 길
열차는 속도를 높여 가고
어! 하면 한해가 바뀌는데
얼마를 가야 만나게 될지

바닥

마당과 뒤란의 경계가 무너졌다
등짐처럼 지고 있던 집 내려놓자 드러난 바닥
백 년 전 시간으로 돌아왔다
저 작은 터에
안채와 사랑채, 행랑채를 디귿자로 올려놓고
사람을 낳고 떠나보냈다
홀로 남은 집
힘 풀린 다리처럼 주저앉자
아무 일 없다는 듯 안아준 바닥
받아주는 게 천명인 줄 알았던 시간
내장 같은 잡동사니 가슴 속 깊이 묻었다
숨을 고르는 흙 위로 고요가 흐르고
심 대에 걸친 이야기기 스며드는 곳
낙엽 같은 노인이 쪼그리고 앉아
바닥을 바라본다
등에 져야 할 것과 가슴으로 안아야 할 것들
꿈결 같다
바닥이 고르지 못한 바닥을 고르고 있다

조온현

월간시 추천시인상 등단
시집 아내는 풍선껌을 아직까지 불고 있다
여름은 가고 꽃은 지니'

해당화

한 번의 사랑으로 들꽃이 다발로 필까
한 번의 사랑으로 새들이 떼로 나를까
초원은 연둣빛 벌 나비 춤추는 오월
아카시아 향기 날리는 오월에 당신은
그렇게 붉게 피네

해당화 피는 사구砂丘
파도는 남실대며 추근추근 꽃이 피길 기다리고
꽃 피고 지는 것이 남의 일 같은 바위에 이끼도 초록빛
오월의 향기는 어디까지인지
찔레꽃 향기 끝 간 곳 해당화 붉게 피는데
등나무 꽃 필 때면 모란은 지고 없네

한 번 뿐인 사랑으로 꽃이 그리 붉게 핀다면
오월이라 하겠소.
한 번 뿐인 사랑으로 새가 떼로 온다면
오월의 둔덕에
내 사랑 해당화 더 붉게 피길 기다리네.

섬이란 것

고립되면 섬이다
봄여름 가을 없이 꽃은 피고
세월은 시간에 밀려 소멸 된다

장례식장엔 죽음이 일상이고
화장장에 줄서서 사라지는 육신

산다는 것 숨만 쉬는 것인가
침묵과 고요가 섞인 한탄
숨 한번 크게 쉬면 외로움도 멈추리라
숨 한번 고라 본다.

출산

꽃 피우는 건 한 목숨 거는 거야.
왜 있지
아기가 첫 울음을 우네 얼마나 무섭겠어
맨땅에 헤딩할 테니까
난 전쟁 때 급하게 가마니에 떨어져 얼굴에 상처가
났다고 어머니가 말씀하셨거든 맨땅은 아니었으니
지금도 살아있지 울긴 울었던 게야 첫 만남은 낯 설
고 두려운 거니까

세렝게티 누우 떼가 출산 하는 날
모든 육식 동물 들은 그날이 회식 날처럼 생각 하거든
땅에 떨어지는 모든 것들은 먹이가 되는 것이지
그래서 나무는 어머니 같이 자식을 붙잡고 있는 거야

꽃들이 바람에 흔들린 것 보아
붙어있는 것들이 떨어지는 것은 두려움에 이르는 일

벚꽃이 바람에 날리는 날엔 꼭 비가오더라
꽃 필 때 꽃 질 것 알아 미리 울었나 보다

달력

새해 첫날이 빛이 나는 건 반짝이는 햇빛 때문은 아니다 아이들은 새해 첫 소원을 빌러 정동진으로 떠났고 남은 나는 때가 찌든 지난 해 달력을 치우고 있다

태양을 떠난 빛은 8.3분 후 정동진 바닷가를 배회하고 아이들은 태양을 바라보고 소원을 빌고 있을 것이다. 달력은 지난 과거와 경험하지 못한 미래를 숫자 속에 숨겨놓고 있다 새해 초에는 로또 같은 365일이 존재하고 사람들은 눈밭을 초원처럼 걷는 꿈을 꾼다. 과거는 신선하지는 않다 8.3분 전 빛의 속도로 다가온 태양빛 현재는 과거 8.3분으로 존재한다. 정월 초하루가 빛이 나는 건 흐르는 달빛 때문이 아니다

할머니는 새벽기도를 하고 아이들은 미래를 꿈꾸며 깊은 잠에 빠졌다 천공에 달린 달빛은 달을 떠나 1초 후 지구에 도달한다. 어머니는 정화수(井華水)에 달을 담아 소원을 빌고 있을 것이다 1초 전의 과거와 미래가 정화수 속 달빛으로 만나고 소원은 미래에서 달력의 과거의 아라비아 숫자로 남는다

조등弔燈

올해도 슬픔은 하얗게 피었구나. 목련나무 아래 베르테르의 편지는 쌓이고 목련은 누굴 위해 그리 많이 하얗게 피는지 아직도 전쟁의 상흔이 남은 국립묘지 화약연기가 멈출 줄 모르는 우크라이나 아이가 엄마의 손을 잡고 포탄 속에 얼어있는 듯 서있다

전쟁에 희생되는 무고한 사람들은 왜 죽어야 하는가? 같은 신을 믿고 한때는 동맹이었고 혈육이고 친구였지. 포탄은 무심하고 총알은 인정이 없다 살기위해 살생을 한다. 한사람을 죽이면 살인자로 재판을 하던 법치국가가 대량살상에 무심하다 지배자는 서로 많이 죽이라고 선동을 하고 대량살육에 사람들이 무기력하다 전쟁이 운동시합 같이 이웃나라는 전쟁을 말리기는커녕 전쟁물자를 더 보낸다. 권력자의 선동은 교묘하다 우리 민족 우리 가족 우리 편 우리란 무엇인가? 교묘하게 숨겨진 편 가르기다 우리란 목숨엔 없다 죽음이란 나만의 것이다 이웃도 날 낳아준 부모 형제도 아니다 시시때때로 핵으로 전쟁을 종식시키자는 전쟁주의자가 하는 말이

전파를 탄다 그들은 전쟁에서 살아남을 지배 권력이다

피 지배자 백성의 조등弔鐙이 켜진다. 이것은 내가 이름도 모르고 아무 연고도 없는 먼 나라 신神도 관심 없는 어느 주검에 대한 애도일 뿐이다 포탄이 석양을 가르며 날아간다.

한 사람 한 사람 어느 죽음을 위해 목련꽃 달빛에 진다

서민庶民아파트

내가 살던 집 양철지붕은
소나기 오면 콩 볶는 소리가 났다

새벽에 배달되는 층간소음
새벽을 아낀 출근 소음으로 붐비던 삶들이
빠져나간 텅 빈 오후
고향집 양철지붕엔 빽빽하게 널은 붉은 고추가
말라가면서 가을도 검붉게 말라갔다

서민庶民 아파트 복도식 문門에 저녁이오면
고기 굽고 된장 끓인 냄새
층층이 층간 냄새가 올라온다.

젊은 부부 깨 볶는 소리는 벽간 소음이고

층간 벽간 공간의 비밀이 비밀이 아닌
누구네 뭘 먹었는지 무엇을 하는지
반짝거린 소식이 뒤뚱거리며 지나간다,

환승역에서

지하철 승강장
사람들이 한 곳에서 나와
다른 곳으로 가며
다른 꿈을 찾아 환승을 한다.

다른 꿈을 꾸며 같이 사는 우리
꿈꾸던 일은 잘 되었는지

꿈을 이루려는 우리
동행할 사람은 찾았는지

바쁘고 빠른 길에
잊어진 친구는 없있는지

앞만 바라보는 삶에
두고 온 것은 무엇인지

바라나시고트

바라나시를 가로지른 갠지스강가 마니카르니카 화장장 불속에 사람이 누워있다 신계로 가는 길은 걸어 갈 수 없어 육신을 태워 하늘로 보낸다

시신들은 들것에 실려 차례를 기다리고 마니카르니카 계단에 관광 온 사람 영혼을 구하기 위해 갠지스에 목욕하는 사람 동전을 줍는 아이들 장작을 패는 늙은이 시신을 나르는 청년. 장작불을 지핀 연기 사이에 힌두 사제들의 비단옷이 불꽃같다 화장이 끝나 타다만 장작과 살덩이가 바닥이 보이지 않는 뿌연 강물 속으로 빠져 들고 망자의 영혼은 갠지스 강에 피안을 얻는 듯 사람들은 보트를 타고 화장 장면을 구경 한다

신에게 가는 길은 우는 사람 없이 이슬비 나린 화장터엔 붉은 옷을 입은 승려가 연꽃처럼 스스로 진흙 속에 뿌리를 의지하고 말없이 걸어간다. 꼿꼿이 서서 느리게 걷는 모습이 신의 축복을 받은 듯 화장장 축축한 땅바닥 물구덩이에 저녁노을이 물든다. 새도 나비도 나는 것을 멈추고 지상 바닥에 누우면 잊으려 했던 보내야 했던 개똥냄새 인분냄새도 한 번에 갠지스 흙탕물에 떠내려간다.

<

 뿌연 빗물이 고인 길바닥 바라나시 화장장 불빛이 비치고 지구의 어느 한구석 도시에 누워 태어나 바닥에 발을 처음 딛고 걸을 때의 환호성은 다시 눕는다 생존으로 오염된 발은 지상에서 재로 분해되고 그가 딛었던 땅과 숲은 그를 잊은 채 화장장엔 망자의 이름이 차례로 떠오른다. 누울 수 있는 나무 한 짐의 무게 나는 불을 켜서 누군지 모르는 이름 위에 올려놓는다. 산자의 이름보다 누워 발이 장작위에 떠 있는 죽은 자의 이름

사랑은 늘 어둠에 뿌리를 내리고

    콩이 몸을 구부려 어둠 속에 하얀 실뿌리를 뻗으며 태아도 태반에 탯줄을 심고 몸을 구부린다. 성장은 뿌리에서 멀어지는 것 모태를 떠난 생명의 근원은 어둠에 있어 보이지 않는다. 별이 빛나는 것은 빛의 속도로 여행을 떠나기 때문이다 음속으로 전하는 어머니 목소리, 나를 찾던 어머니도 흙이 되어 시간의 흔적으로 지워진다. 어머니는 정말 존재했을까 어머니의 여행은 여기까지였을까? 몇 십 년 전 어머니의 산소를 파서 이장을 했다 어머니는 존재하지 않았다

    플레이아데스성단에서 폭발한 빛이 지구에 도달한 시간은 444광년 지금 보고 있는 황소자리 별빛은 444광년 전 빛의 기억이다 이 어마한 시간 지구 이전의 시간을 알 수 없다 우주는 서로 멀어지고 넓어져서 빛이 사라진 물질은 어둠 속에 있어 보이지 않고 빛도 시간도 사물 같이 소모된다.

    뿌리는 어둠 속에서도 물과 영양 색소를 포함한 생명의 물질을 보낸다. 빛깔은 파장으로 향기는 분해된 분자로

다가온다. 사랑이란 모호한 단어 애증 또한 어둠 속에 숨어 뿌리를 내려 언제 어느 모습으로 삐져나올지 모른다. 나를 사랑한 어머니의 생기 있는 미소가 초단위로 쪼개진 순간 감정은 멈춰지고 사진이란 기억이 불확실성에 속하여 네가 보낸 편지 봄빛 가득한 풀잎, 늘어진 버드나무숲 ,진달래 .벚꽃 사랑 하는 것들이 시간을 타고 사라진다.

생의 뿌리는 늘 어둠에 속하여 어둠에서 태어나 어둠의 시간 속에 빛도 함께 사라진다. 시공에 볼 수 없는 어둠은 끊임없이 성장하여 가늠할 수 없다 양을 헤아릴 수 없고 거리를 잴 수 없으며 시공의 뿌리 보이지 않는 혼돈 같이 사랑이란 것두 어둠에 속한 것이다

사막에서

빛이 사라진 별똥별은 먼지가 되어 바람의 제국에 모래벽을 세운다. 사막에선 시간도 바람에 부서져서 빛이었던 과거들이 별 볼일 없이 바람에 쓸려 다닌다. 사막엔 보이지 않던 것이 보이고 보이던 것은 더 선명하고 아무렇지도 않던 사람도 생각나고 이름 있는 유명한 별 이름 지어질 별 내가 아는 별 내가 모르는 별의 별들이 사막의 모래만큼 하늘에 떠있다 얼마나 모르는 사람들이 내 곁에서 빛을 내고 있을까 별 볼일 없던 사람도 서로 다가가면 별 볼일 있는 사람이 되고 도시의 밤에 켜진 등불 중에 내가 아는 집은 몇 집이나 될까

모래성을 쌓던 사람 모래 산을 만드는 바람 사막은 모래와 바람과 별과 달의 공간에 낙타가 간다 낙타가 돋보이든지 사막이 돋보이는지 석양이 돋보이는지는 아무도 말 한 적이 없지만 어둠이 깊어져야 별들이 빛나듯이 낙타 몰이꾼들은 밤이 깊어져야 별의별 이야기를 시작 한다 별을 따라 갔던 사람이 별을 잃고 별의별 생각을 할 때엔 사막은 곤한 잠에 들고 사람들은 편히 누워 하늘을 보며 잊어버린 과거로 되돌아가고 새벽별들

이 빛날 때 즈음 바람도 잠이 든다 도시에선 보이지 않던 별들도 사막에서는 별 볼일 있는 것처럼 반짝인다. 바람은 모래 숲에 사는 사막여우나 모래톱 속에 숨은 죽은 나무까지 찾아내며 태양이 뜨면서 별 볼일 없던 별들부터 별 볼일 있는 별까지 사라지면서 바람의 제국이 된다 보이는 것을 숨기고 보이 않는 것들을 궁금하게 신기루를 하늘에 펼치며 태양이 과거를 지운다 모래바람이 불어 온 길을 가리고 갈길 마져 가로막는다 바람은 태양의 소유물이다 내가 바람이 된 것은 오로지 뜨거운 태양이 늘 떠있는 오후이기 때문이다

이태학

양평문인협회 회원
제7회 경북일보문학대전 수상 외

거미의 사회학

 부동산사무실 창틀에 앉아 거미가 강의를 한다 수강생은 젊은 부동산업 사장과 강남에 아파트 세 채를 가진 몸집 큰 사모님, 작년에 명예 퇴직한 김씨가 전부다

 부동산처럼 탄력성 없는 재화는 수요와 공급 사이의 시차에서 거미집과 같은 모형이 된다는 이론*이다 거미는 벽에 붙은 최신 지도의 도로망을 연결하듯 꽁무니에서 씨줄날줄을 이어가며 열강하고 있다. 집은 수요가 공급보다 적으면 불균형을 이루어 거미집이 한쪽으로 기울게 되고 이때 집값은 떨어지게 된다고… 근래에 거미집이 우후죽순 늘어나는 것도 원인이라 한다 읍내 24평 아파트 전세가 전부인 김씨가 머리를 갸우뚱하더니, 요즘 가구家口보다 집이 더 많은데 왜 집값이 오르냐 라며 얼굴을 붉힌다. 당황한 거미가 다리 힘이 풀리며 휘청거리자 거미줄 간격이 벌어진다 이때,

창가에 붙어있던 파리가 강의를 비웃듯 여유롭게
그 틈을 빠져 나간다

 오늘 강의는 파리 한 마리 값도 못하고 계량학자
의 이론만 날아갔다

*거미집이론 : 미국의 계량학자 W.라온타예프 등에 의해 정립
된 수급균형에 대한 경제이론

골목길 풍경

 청소부의 빗자루가 싸륵거린다 경계 중이던 병정개미가 옷매무새를 바로 잡는다 유리창을 삼켰던 어둠이 담장 밑으로 툭툭 떨어져 내리기 시작한다 밤을 지새운 보안등 불빛 아래에서는 하루살이의 마지막 탱고가 아침을 열고 있다 이층 산란실에서는 산통을 겪고 있던 여왕개미가 새끼를 낳기 시작하고 육아실에서는 보모들의 젖먹이가 한창이다 척후병 개미가 골목에서 순찰을 돌기 시작하면 옆방과 뒷방 개미 1부터 9가 먹이사냥을 나선다 감독 개미는 나이 많아 걸음걸이가 굼뜬 개미 5에게 늘 싸늘한 눈길을 던진다 오후에는 느린 동작 때문이었는지 풀무치 사냥 중에 허리가 잘려나갔다는 비보가 날아왔다 가끔 있는 일이라 했다 일하지 않고 여왕개미 주위만 맴돌던 수개미도 쫓겨나자 물에 뛰어들었다 한다 종종 있는 일이라 했다 개미들은 일과시간이

끝나기도 전에 무표정한 얼굴로 골목에 들어선다 분주했던 하루가 골목 속에 잠기고 있다

연식 지난 세탁기

베란다 구석에는 하마가 살고 있다
작은 눈을 자주 껌벅거리는 것은 복종이다
검지손가락 지문에 순응하며 살아온 그는
식습관이 까다롭지 않다

깔깔거리던 아이의 바짓단에 묻은 진흙 맛을 보고
온 종일 벽돌모서리 밟고 다니던 작업화 속의 매콤함과
햇볕에 그을려 말라붙은 셔츠 속의 소금을 넣는 일이
한결같은 맛을 보장하는 여주인의 단골 조리법이다

맛을 결정하는 것이 소금의 농도라지만
노후한 혀가 무감해져 입맛을 잃어갈 때면
아랫배에서는 소화하지 못한 빈 월급봉투가
발견되기도 했다

쿨렁 쿨렁, 덜덜덜 수 만 번도 더 돌앉을 노동엔
바람개비에서 빠져나간 녹슨 핀의 흔적처럼 침전되고

발소리에 놀란 노루가 산등성이를 뛰다 말고 한 번쯤

뒤를 돌아다보는 것처럼 지나간 곳을 잠시 볼 수 있는 멈춤은 샘터의 물이 된다 어느 낯선 밀림지대 늪에서 처음 먹어 본 후 각인된 물의 맛과 때를 놓쳐 남몰래 수도꼭지 틀고 벌컥거리던 물의 쓴맛을 통해 주인의 손짓에 눌려 물속에서 허우적거리며 마셨던 물맛보다 공기의 맛이 불현듯 더 크다고 생각한 까닭에 복종에 익숙했던 기억들을 모두 버리고 싶다

남은 물로 속을 채우고
간수 빠진 소금을 넣고 나면
꿀렁, 사르르 아직은 입맛을 잃지 않았다

멸치의 사유

검푸른 바다에서 꼬리 긴 불빛을 쫓다가
부서진 파도보다 더 큰 물결이었던 때가 있었지
해풍에 출렁이는 청보리 물결처럼
또 다른 삶은 그렇게 시작하는 것 아니겠어

무대조명에 마음을 빼앗긴 후부터
철선이 펼쳐놓은 그물에서 생이 달라져가고
미망의 끝이 조금씩 보이기 시작했던 거야

여명과 함께 항구에 들어서자
눈 가리고 코 꿰인 채 선착장에 팽개쳐졌지
어부의 움켜쥔 그물이 시동을 걸기 시작하고
배말뚝 같은 묵직한 어깨가 장단을 맞추면

'어야디야~ 어야디야' 후리소리 물이랑을 넘는다

<

온몸을 부르르 뒤틀며 공중부양을 하다가
화풀이하듯 어부의 **뺨**을 시원하게 후려치다가
갈매기의 뒤통수도 찰나에 훔쳐보다가

'어야디야~ 어야디야' 후리소리 경쾌하다

햇살 좋은 해풍을 만나러 나간 후
귀 떨어지고 허리 휜 채로
물비늘을 딱딱하게 품어 버렸지

마디

바랭이 줄기 끝은 여름밤에 무슨 생각을 할까

땡볕 피해 온몸으로 마디 하나 만들다가
하필이면 돌멩이 등을 타고
허공에 손 내밀어 허우적거려 보는 일
소나기가 내려야만
손가락을 펼 수 있다고 하는 기도가 필요해
돌멩이 크기 따라 마디의 성장 통은 비례하고
그것은 콩밭에서 떡잎 떨어뜨린 줄기만 아는
이야기가 아니다

콩잎 무게에 눌린 어머니의 무릎마디
맑은 밤 달빛이 흘려보낸 물기를 모아
마디마다 담아두어야

통증이 사라진다고 하는 처방전이
더욱 난해하게 할 뿐
자갈 박힌 밭둑에서도 모질었던 무릎은
콩꼬투리 허옇게 말라 서걱거리던 날 밤에
몽당비처럼 밭고랑사이로 빠져나갔다

돌멩이에 올라간 바랭이가 시린 달빛을 모으고 있다

오래된 노래

어머니 시집올 때
가마꾼에 매달려 뒤뚱거리던 반달이가
이삿날 아침
파란 딱지 붙이고 경비실 담벼락에 기대서 있다
지나던 바람이 헐렁한 문짝 틈을 기웃거리자
어머니의 노래들이 쏟아져 나왔다

삭정이 떨어지던 날 밤
베갯잇 감싸 안아 여미던 시침질 소리는
호롱불 아래
지아비 수놓던 그리움이 되었고
한 땀 한 땀 풀 먹인 홑청 위의 바늘 길은
싸락눈 내리던 하얀 밤
한 그릇 정화수에 녹아진 기다림이 되었다

실바람이 아이를 부른다
종이상자 속 배내옷이 빛바랜 시간을 붙들어 놓고
때 지나 낡고 작아진 교복 허리춤사이로
봄풀같이 풋풋한 땀내가 대견했던 날 있었다

그동안 반닫이 속에 담겼던 노래들
모두 빠져나간 자리에
어머니의 그림자가 웅크리고 있다

녹차

전기포트가 발롱거린다
달궜던 입이 열린다

찻잔 속
연둣빛 파문이 일고 있다
무쇠 솥에서 아홉 번을 굴렀을
멍석 위에서 아홉 번을 으깨지고 부서졌을
우아한 척 아픔을 들춰내는 채식주의자

실론이나 보성에서 새벽안개를 먹고 자라
먼 길 돌아
질긴 인연의 끈을 놓지 못한 채
투박한 잔속에 기어이 한 가닥 걸쳤으니

잔속에는 윤슬이 흐르고
붓꽃 같은 입술엔 녹색 향을 머금는다

노모포비아(nomophobia)*

딸꾹질 소리가 떠나질 않아요
음식을 다급히 삼키지도 않았는데

전철 안에서는 옆 사람 눈치에 눌려
무음으로 반항하기 일쑤죠
언제나 숨 가쁜 일정으로 시작해요

한밤에도 베개 옆을 떠날 줄 몰라요
애인의 목소리가 날아올 것 같아서죠
어쩌다 꿈에서 만나면 몽롱한 손가락이
'사랑해'라는 문자를 날리기도 해요
다음날 아침이면 친구들이 절교 선언을 할 테고
까~톡 까까~톡

아, 나는 미래를 볼 수 없는 원시인
4차 혁명시대가 온다 해도 돌도끼 하나로만
황홀하게 수렵할 거예요
돌도끼는 작을수록 사냥을 잘할 수 있을 테니까요
몸에는 언제나 생존도구를 지니고

다 같이 카톡 할까요

* 휴대전화가 없으면 불안감을 느끼는 증세

자갈의 감정

불빛조차 없는 고공高空이다

회반죽을 만난 후 혼자가 아님을 알았다

원형의 레미콘이 동글리면 나는 평면이다

타워크레인이 서커스 단원처럼 공중제비를 한다

아래로부터의 양생이 차올라 온다

가끔 규격을 수정하는 타정기의 진동이 온몸을 통과한다

허공 아래 강물이 수직을 삼키고 있다

자갈이 자갈 이전으로 돌아가면 뗀석기일까요

강과 돌도끼는 오래된 연인이다

<
시간 속을 구르던 자갈소리가 창 틈새로 스민다

공극이 메워지고 면이 벽을 장식한다

돌문 같던 방화문이 처음으로 열리는 날이다

두런거리는 부부의 체온이 내 안에서 자라겠다

격렬비열도

기러기 떼의 힘찬 날갯짓
날다가 내려앉은 당신은 누구입니까
전설을 뒤로한 채
이름을 풀어보면 알 수 있을까요
단어의 의미를 가늠해 봅니다
격·렬·비·열·도
격렬은 청춘입니까 아니면
혼돈이 난무했던 백악기일까요
오독이라 해도 이해합니다
누군가 당신의 마음을 사로잡았다면
그 유혹의 시작은 태안반도일 것입니다
태안에 자리 잡은 쥐라기공원
공룡들과 매머드의 뼈맞춤 놀이가 한창입니다
공원 숲에는
에드몬트사우르스 공룡들이 버드나무 잎을 뜯고
하드로사우르스 공룡의 둥지 안에서는
알을 깨고 새끼들이 곧 태어날 것만 같습니다
썰물 때만 나타난다는 해식동굴은
아기공룡들의 놀이터가 분명합니다

당신의 등허리는 공룡을 닮았군요
등뼈 같은 바위 절벽에 줄임말을 써 보세요
격·렬·비
동백나무 군락은 백악기에 떠다녔던 비구름
격렬하게 이어져 내려온 생명의 열도라고

임권

충남논산
2017 서울시인협회 추천시인상
2018 서울시인협회 동인지 출간
2019 서울지하철시 당선
2020 창밖에 내마음 세워두고 시집출간
서울시인협회회원
한국 예술인협회 /한국문예협회회원
갤러리 다시회원

장마

이 비에
젖지 않을 사람이 어디 있겠습니까

이 비에
우산이 무슨 소용이며
물 밑 웅덩이를 어찌 알겠습니까

거대한 처마도 줄줄 흐르고
들꽃도 밤새 젖어 가는데

내가 뭐라고
이 긴 비에 젖지 않겠습니까

간장독

내가 잠든 새벽 동안에도
별들은 수없이 까만 하늘에서
빗금을 긋고 있었다

별 같던 어머니는
수없이 많은 빗금을
까만 밤 홀로 참아내며
항아리 속에 차곡차곡 담아
보석으로 우리에게 나눠 주셨다
어리석은 나는 그것을 알기까지
오십 년이나 걸리다니

주인 없는 빈 독에 자꾸만
눈물을 채우고 있는 내가
어쩌면 당연한 건지도 몰라

서리태

고이 품었던 자식 하나 둘 보내고
남은 건 쪼그라진 빈 콩깍지
앙상한 뼈대로 흙을 붙잡고
뜬 눈으로 나를 기다리다
홀로 가셨나 보다

뭐가 그리도 급하여
나를 보지도 못하고
구부러진 논둑을 지나 저 강을 건너려고
이리도 서두르셨단 말인가

몇 번을 돌아보았을 것이다
몇 번을 주저하였을 것이다
분명 그리하였을 것이다

노을은 콩밭에 붉고
헝클어진 들깨 밭은
왜 이리 사무치게 원망스러운가

단풍놀이는 다 끝나가는데
흰 눈으로 오시려나
봄꽃으로 오시려나

영영 오지 않으실 거면
꿈속에서만이라도
부디 내게 오소서.

고목

아가야
너는 대체 몇 년을 살았다고
내게 기대어 절망하는가

텅 빈 속 바람이 들고
검게 타버린 가슴을 두들기며
홀로 감내하는 나도
푸른 싹을 틔우고 꽃을 피워
열매를 맺으려는데

꽃도 피워보지 못한 네가
무엇이 두려워
내 그늘에만 숨으려고 하는가

맨발로 벌판을 달려 보아라
너의 푸른 잎을 날개를 삼아 날아 보렴
때론 비도 맞고 바람도 맞아야
강해지는 것이란다

이제 그만 눈물을 거두고
저 빛나는 태양을 향해 두 팔을 벌리면
분명 꽃이 피고 달콤한 열매를 얻을 거야
널 믿어.

도라지꽃

장마가 시작 되던 날
하얗던 어머니의 팔에
도라지꽃이 피었다
퍼붓는 비에도 씻기지 않는 보랏빛 꽃을
살포시 쓰다듬어 본다
저 팔로 나를 입히고 씻기고 먹이고
흙을 일궈 온갖 궂은일들을 헤쳐 나오느라
살점을 하나씩 내주어
막대기처럼 얇아진 팔에
위태롭게 뛰고 있는 실 같은 핏줄

지붕 위 빗줄기는 굵어지고
한 움큼 머금었던 꽃이 결국 터지고 만다

진눈깨비

어둠 속 외롭게 뇐 몸
온통 흰 나비 떼 붙어
날개를 접었다 폈다
훨훨 가려나 보다

텃밭에 냉이가 파릇한데
다가올 봄을 두고
정말 가려나 보다

눈먼 하늘아
무슨 말이라도 해다오
눈물이 시려 영영 얼어버렸는가

이 미친 세상
아니라고 아니라고
대답이나 해주고 가오.

동백꽃

그놈의 가스비가 뭐라고
요즘 세상 어떤 세상인데
미련하게 겨울 찬물 속에서
아침을 건져 내고 있는 시퍼런 손

원래 매운 것을 좋아하겠거니
그래서 비빔밥을 그렇게 자주
꾹꾹 먹고 있는 줄만 알았다

쥐꼬리만한 월급 가지고
조금만 더 조금만 더
내년에는 또 내년엔
거짓 희망만을 심어 주다가

늘 바쁘고 힘들다는 핑계로
좋은 날 다 가도록
외면하고 방치해 버려서
시들어 버린 꽃의 뒷모습

어리석은 나는 먼발치에 서서
고작,
빈 화병에 흥건히 물만 채우고 있다

겨울인 줄 만 알았지

해마다 오는 겨울인데도
이놈의 겨울은
제일 먼저 내 머리 위에 앉고
발목에서부터 무릎을 타고 들리는
외마디 비명소리
아직도 뛰어야 할 길이 멀었는데
바보처럼 이 모든 게
겨울인 줄 만 알았지
세월일 줄이야.

위로

비가 오려나

편의점에서 캔 맥주 몇 개를 사들고
구석진 공원 벤치에 앉았다

바람도 멈춘 고요함
이 시간만큼은 나를 위해 살자
목구멍 깊이 걸려있던 모든 하루를
땅 바닥에 내동댕이 쳐버리고
훌훌 벗은 자유인으로 살자

머릿속 파도 하나를 지우려고
헛웃음과 인내의 기로에서서
얼마나 힘들었겠는가

나는 안다
바닥에 갈겨쓴 하루를
지그시 발로 지우고 훌훌 털고 일어나
내일을 준비하는 바로 내가 최고라는 것을.

야생마

하루 일을 마치고 집으로 가는 길
닳아빠진 굽이 삐걱거릴 때 알아채야 했었어
구릿빛 근육이 늘어지고
왕성한 젊은 피에 나도 모르게 떠밀리고 있음을

아직도 달릴 힘이 남아 있는 내게
벌써 돌아가라니
내게도 푸른 벌판을 벅차게 뛰던 때가 있었지
내 청춘을 모두 바친 제2의 고향을 떠난다니
왠지 나는 당연한 것에 눈물이 난다

그래, 돌아가자
돌아가 맨발로 황톳길을 마구 달려 보리라
흰 갈기를 멋지게 휘날리며
내 심장 멈추는 그날까지
정년이 아닌 청년으로 다시 뛰는 거다.

차리라

1996년 I NEED YOU 외 2권 출간

2009년 의정부 문학상 수상

2021년 한국문예'마당'신인작가상 수상

오이도에서

하늘과 바다가
한 색을 띠지만
같을 수는 없는 일

마주보며 산다는 건
온전한 마음 서로에게
닿길 바라는 것

해 질 무렵,
허공에 물든 쪽빛
비스름 오랜 부부의 이야기가
미온한 사랑에 밑줄을 친다

폭우

너 닮은 사랑이
쏟아져 내린다

보듬어 주었건만
아픔의 언저리
시퍼렇게 멍들어가고
다시금 휘몰아치는
퇴색된 지난 시간들
뒤섞여 쏟아 부으니
너 닮은 사랑

흠뻑 젖은 그리움 되고

가파르게 내려올 때가 있다

무던히 걸었던 오르막 길
한 순간에 무너지는
상실과 마주할 때

괜찮다
괜찮다

올라 본 길이니 수월하다

여름

아무도 그가
쓸쓸하거나
외로울 거라 생각하지 않는다

아직 오지 않은
가을 앞에서
서둘러 아파하고 있을 뿐이다

그렇게 바람 끝에
그가 서 있다

소주 한 잔

가볍게 한잔이
한잔 또 한잔

넘치지 않을 만큼
적정선의 법칙

소주잔도 아는 무게를
인생은 버겁다 하는
소주 반비례의 법칙

다시

순서도 방향도 없이
달려왔던 시간
모호한 경계에 놓인 마음이
갈 곳을 잃었다
방황하는 교차로에서
안전한 신호를 찾아 숨을 고른다
산다는 것은
숨 한번 길게 내쉬는 것
다시
그래 다시

납작보리 밥

기다리다 잠든 아이
왜 이제 왔냐며
울어대는 큰 놈 작은 놈
쌀 한주먹과
빨리 익을 수 있게
눌러 만든 납작보리 한 되
달그락 달그락
요란히도 들썩이던 그 시절

허기진 저녁
찬 없이 먹었던 거무칙칙한 밥
야근하는 남편을 위해
꾹꾹 눌러 담아 놓은
이불 속 밥 한 공기

사랑이 가난을 누르듯
고봉으로 올린
어머니의 납작보리 밥

사슴

두려움을 몸 밖으로 밀어내
제 머리위에 핏물로 집을 지었다

공격으로 위장僞裝한 뿔,
살아남은 시간만큼
사방으로 날을 세웠다

쉴 곳을 찾아
한 고개 또 한 고개

구석진 나뭇가지 사이
큰 눈 하나가 끔뻑
경직된 위장僞裝과 호흡하고 있다

처음부터 쓰지 말아야 했다

일몰을 보다가
그을린 마음

낱말과 낱말이 뒤엉켜
해석이 불가한 문장들
부재로 남은
기억의 한 페이지
쓰다가 구겨진 밤하늘

아무 일 없는 듯
달을 삼키고 있다

물수제비

스쳐가는 인연이니까
가볍게

파장은 조용하게
심장은 덤덤하게

잡을 때보다
놓을 때가 더 아프다

깊이 파고드는
당신이라는 작은 돌 하나

양수현

갤러리 다시/동인
문예의 전당/동인
2016 전국장애인문학작품 공모전 우수상 수상
-2018년 수원시 버스정류장 인문한글판 창작시 공모전 수상
-2019 백제문학 15호 신인문학상 동화부문 수상

별똥별

하늘이
다부진 의지를 밝히면
보고 싶은 이를 그려본다
별들이
자신의 위치를 망각할 때도
그리운 이를 불러본다
부서지는 별들조차
자신의 가치를
원 없이 외쳤으면 하는 그때
마음을 수놓으면
마침내 떨어진다

거미

입에서 나오는 것마다 길이 된다
모든 것이 조심스러울 만하건만
거침없이 쏟아내고
거침없이 굴리는 것을 보며
길을 내는 것이 참 익숙한가 보다
입에서 나오는 것마다
욕이 되기 쉬웠던 나의 길
그 열매에
차마 청소를 할 수 없는

뙤약볕 아래

어머란
하늘이 땅에게
양보하는 길
당신이라서
좋습니다
그냥
봄이라서
좋습니다
떠난 만큼
돌아가겠습니다

1월

눈 덮인 나뭇가지 사이로
빛이 걸리었다
길이 열리는 만큼
모든 것이 설렌다
살랑바람에도
온 마음을 다해 응답하는 몸짓
이루고 싶은 것이 많은 날들
매순간 빛으로 물들이려
꿈길을 흩뿌려본다
희망은 더해지고
날은 새롭다
시작이다

스승의 은혜

지하철의 소리가
유수같이 흘러내린다
잘못 탔던 것을 알기에
질책할 만도 하건만
그저 흘러내린다
가만히 받아주면서도
내 안에 무엇이 들어있는지
궁금하지도 않나 보다
그래도 감사한 것은
온전히 나의 본질까지 담아주는
마음의 창이다
그것이 기쁘기도 하고
한편으로는 아프고 슬프기도 하지만
갈 때를 알기에
가만히 앉아 주위를 둘러보면
흐르는 지하철도 정거장을 보면
속이 상하는지
반가운지
아린지

그 시각
차마 내릴 수 없어
지하철의 소리가 울려 퍼진다
쳇바퀴

낙화

꽃잎이
다 떨어지면
너를
놓을 수 있을까
나는 지고
너는 핀다

벚꽃나무 아래에서

늦은 봄
하늘의 끝에 매달린 꽃향기
흩날리는 꽃비가 사라지는 것처럼
흩어지는 님의 웃음
모난 현실
날 선 청첩장
낯설어진 하늘
제 눈은 가물려고
온몸으로 울어야 했어요
사라질 하늘의 틈으로 이끈
꽃잎 아래

등나무 아래에서

꽃비처럼
쏟아져 내릴 것 같은
등나무 아래에서
눈을 감는다
의지할 데 없이
홀로 뻗어 나가다가
님을 향해 솟구쳐 올랐던
하나의 꿈
툭 하니
끊어졌어도
구불거리는 등나무를 보니
인연의 실타래가 떠오른다
자색 연기가 자욱하다

미토콘드리아는 머리맡에

내가 자고 있을 때
머릿결을 따라 흘러내린
어머니의 손길
나도 유전으로
오롯이 타고
아기의 머리맡에 앉을 수 있을까
조산의 위험에도
희망은 자꾸 불러오고
네가 꿈을 꾸고 있을 때
머리에 손을 얹고
어머니라는 이름으로
꿈을 따라 내 손이 흐를 때

그 날의 *두문동

차 유리창 위를 찍는 한 점 한 점
꿈틀거리는 올챙이 머리가
와이어의 빗질에 삼켜질 때
"두두두두두두두두"
고려장의 속앓이는
콧등을 두드리며 흘러내리고
뒷좌석 창문에는
하나의 무의미가 새겨지네
중력이 부를 때
단숨에 고꾸라지지 못했더라도
하늘을 잃을 때
긴 꼬리를 숨기지 못했더라도
욕된 목숨은
두문동을 줄기차게 쓸어버리는
손짓을 잡으려 잡으려
메마른 날,
"지익"하는 72명의 외마디 비명에
흔적도 없이 꽃피운 조선의 손길

* 두문동 : 조선의 창업을 거부한 고려 충신들이 모여 살던 곳으로, 조선이 두문동에 불을 놓자 72인만 남고 황희 등 나머지 사람들은 불길을 피해 나왔다고 함. 고사성어 두문불출^{杜門不出}의 근원지.

갤러리/다시 동인 공저시집

다시 숲으로 가요

발행일	2024년 9월1일
저자	갤러리/다시 동인
발행인	정호영
주간	이안
편집	허윤설
디자인	流影
발행	도서출판 홍두깨
	(제306-2012-24)

서울 중랑구 용마산로115길37-6
전화   02)2208-3647
　　　010)2340-3647
home page http://hdkbook.cafe24.com/
E-Mail hdk@seoul.korea.com

*잘못 만들어진 책은 구입서점에서 교환해드립니다
*저작권은 저자에게 있으며 무단 전재 및 복제를 금합니다

값 15,000원

ISBN:979-11-88653-32-4 (03810)